Kris Ward

Einstellungen zur Integration von Schülern mit Autismus-Spektrum-Störungen

Kris Ward

Einstellungen zur Integration von Schülern mit Autismus-Spektrum-Störungen

ScienciaScripts

Imprint

Any brand names and product names mentioned in this book are subject to trademark, brand or patent protection and are trademarks or registered trademarks of their respective holders. The use of brand names, product names, common names, trade names, product descriptions etc. even without a particular marking in this work is in no way to be construed to mean that such names may be regarded as unrestricted in respect of trademark and brand protection legislation and could thus be used by anyone.

Cover image: www.ingimage.com

This book is a translation from the original published under ISBN 978-3-659-85113-1.

Publisher:
Sciencia Scripts
is a trademark of
Dodo Books Indian Ocean Ltd. and OmniScriptum S.R.L publishing group

120 High Road, East Finchley, London, N2 9ED, United Kingdom
Str. Armeneasca 28/1, office 1, Chisinau MD-2012, Republic of Moldova, Europe

ISBN: 978-620-3-59009-8

Copyright © Kris Ward
Copyright © 2024 Dodo Books Indian Ocean Ltd. and OmniScriptum S.R.L publishing group

INHALTSÜBERSICHT

KAPITEL 1 2
KAPITEL 2 8
KAPITEL 3 28
KAPITEL 4 37
KAPITEL 5 49
Anhänge 57
Referenzen 64

KAPITEL 1

Einführung

Art des Problems

Kinder mit Autismus werden so häufig wie noch nie in der Geschichte in einer allgemeinen Bildungseinrichtung unterrichtet (Park, Chitiyo, & Choi, 2010). Der Zustrom von Kindern in allgemeinbildenden Schulen ist in erster Linie auf den Individuals with Disabilities Education Act (IDEA, 1994) zurückzuführen, der vorschreibt, dass Schüler so weit wie möglich mit nicht behinderten Gleichaltrigen unterrichtet werden. Schüler mit Autismus stellen jedoch eine besondere Herausforderung für Lehrer dar, die nicht angemessen auf die besonderen Lernanforderungen eines Schülers mit solchen Störungen vorbereitet oder geschult wurden. Ein Mangel an Ausbildung könnte sich auf das Gefühl der Selbstwirksamkeit eines Lehrers auswirken, wenn es darum geht, Schüler mit Autismus und anderen Entwicklungsstörungen zu erreichen. Zweifellos könnte ein Mangel an Selbstwirksamkeit in Bezug auf die Erziehung eines Kindes mit Autismus einen erheblichen Einfluss auf die Einstellung eines Lehrers gegenüber dem Schüler haben. Es wird angenommen, dass "die Einstellung des Lehrers einen direkten Einfluss auf die erfolgreiche Inklusion von Kindern mit Behinderungen haben kann" (Combs, Elliott, & Whipple, 2010, S. 114).

Lehrkräfte im Vorbereitungsdienst sind die zukünftigen Lehrkräfte an öffentlichen und privaten Schulen. Zu den angehenden Lehrkräften gehören Studenten, die an einer Hochschule oder Universität ein Hauptfach Pädagogik studieren und sich entweder für das Lehramt an allgemeinen Schulen oder für das Lehramt an Sonderschulen ausbilden lassen. Das Ziel eines universitären Ausbildungsprogramms ist es, den Lernenden mehrere Gelegenheiten zu bieten, alles zu erfahren, was für eine erfolgreiche Lehrtätigkeit erforderlich ist, einschließlich der Möglichkeit, mit behinderten Kindern zu arbeiten. Leider beschränken sich die behinderungsspezifischen Lehrveranstaltungen in der Regel auf einen einzigen Kurs über außergewöhnliche Fähigkeiten. In der Regel konzentriert sich der Kurs jede Woche auf eine der 13 Kategorien, die für sonderpädagogische Unterstützung und Dienstleistungen erforderlich sind. Darüber hinaus verlangen die meisten Universitäten von den Studenten, dass sie vor ihrem letzten Semester an Kursen teilnehmen, in denen sie praktische Erfahrungen im Zusammenhang mit ihrem gewählten Hauptfach sammeln. Das Praxissemester ist ein intensives Semester, in dem die Studierenden vieles von dem, was sie in den letzten Schuljahren gelernt haben, in öffentlichen Schulen unter der Leitung von Praktikumsbetreuern anwenden. Bereich

Die Erfahrungen und Praktika der Studierenden richten sich nach den von ihnen gewählten Schwerpunkten. Zu diesem Zeitpunkt haben sich die Studierenden bereits eine Meinung über viele soziale und pädagogische Fragen gebildet, mit denen sie nach Abschluss ihrer Ausbildung konfrontiert werden, darunter die Erziehung von Schülern mit Autismus und anderen Entwicklungsstörungen. Manchmal bilden sich Meinungen auf der Grundlage früherer direkter Erfahrungen mit einer Person mit einer Behinderung, die dann auf die gesamte Bevölkerung verallgemeinert werden. Andere Meinungen entstehen einfach aus Unwissenheit über Behinderungen. Problematisch wird es, wenn die Meinungen über das Unterrichten von Schülern mit Autismus und Entwicklungsstörungen die Selbstwirksamkeit einer Person in Bezug auf die Frage beeinflussen, ob sie einen Schüler mit Behinderung effektiv unterrichten kann oder nicht (Gibson & Dembo, 1984). Die Meinungen und Einstellungen von Lehrern im Vorbereitungsdienst müssen im Lichte der minimalen Erfahrungen während ihrer Ausbildung und der anschließenden beruflichen Weiterbildung untersucht werden.

Hintergrund und Bedeutung des Problems

Autismus-Spektrum-Störungen (ASD) sind neurologische Entwicklungsstörungen, die oft als "Dreiklang von Beeinträchtigungen" (Wing, 1997) bezeichnet werden und drei Hauptbereiche betreffen: stereotype Verhaltensweisen, Kommunikationsdefizite und soziale Beeinträchtigungen. Die American Academy of Pediatrics gibt an, dass eines von 91 Kindern im Alter von 3 bis 17 Jahren zum Autismus-Spektrum gehört (Kogen et al., 2009). Im Jahr 2007 schätzten die Centers for Disease Control (CDC) die Prävalenz von Autismus auf eines von 150 Kindern, was etwa 0,75 % der Bevölkerung entspricht. Erst kürzlich veröffentlichte das American Journal of Psychiatry eine Studie, in der die Prävalenz von Autismus auf 2,64 % der Bevölkerung geschätzt wurde (Kim et al., 2011). Da die Zahl der Kinder, die von einer ASD betroffen sind, zunimmt, steigt auch die Zahl der Kinder, die in den öffentlichen Schulen im ganzen Land sonderpädagogisch betreut werden (Odom, Brown, Frey, Karasu, Smith-Canter, & Strain, 2003).

Texas folgt den nationalen Trends, wie die jüngsten Daten der Texas Education Agency (TEA) zeigen. Im Jahr 2010 gab es in Texas 29.536 Kinder mit einer primären Behinderung durch Autismus. Davon waren 11.704 Kinder in eigenständigen Klassenzimmern untergebracht, was bedeutet, dass mehr als 50 % ihres Tages in einer restriktiveren Umgebung verbracht wurden. Restriktives Umfeld bezieht sich auf die Zugänglichkeit eines Schülers zu nicht behinderten Gleichaltrigen. In diesem Beispiel verbringt die angegebene Population mehr als 50 % des Schultages mit Schülern mit unterschiedlichen Behinderungen und nicht mit Gleichaltrigen ohne Behinderung. Dies steht im Vergleich zu den 10 346 Kindern, die weniger als drei Stunden pro

Tag in einer Förderklasse unterrichtet wurden, und den 5 082 Kindern, die in einer allgemeinen Schule unterrichtet wurden (TEA, 2011). Neun Jahre zuvor, im Jahr 2001, meldete die TEA 7.156 Kinder mit einer primären Behinderung durch Autismus. Von diesen Kindern wurden 4.099 in eigenständigen Klassenzimmern, 1.861 in Förderklassen und 515 in allgemeinbildenden Klassen unterrichtet. Die Anzahl der Kinder, die im Jahr 2008 in inklusiven Klassen und in Förderklassen unterrichtet wurden, entspricht einem Anstieg von 78 % der Anzahl der Kinder mit Autismus in allgemeinen Klassen im Vergleich zu den Berichten von 2001.

Der deutliche Anstieg der Teilnahme an der allgemeinen Bildung ist in erster Linie auf das Gesetz 94-142 zurückzuführen, das heute als Individuals with Disabilities Education Act (IDEA) bekannt ist. Dieses Gesetz besagt Folgendes:

dass behinderte Kinder, einschließlich der Kinder in öffentlichen und privaten Einrichtungen oder anderen Betreuungseinrichtungen, so weit wie möglich gemeinsam mit nicht behinderten Kindern unterrichtet werden und dass Sonderklassen, getrennter Unterricht oder eine sonstige Herausnahme behinderter Kinder aus dem regulären Bildungsumfeld nur dann erfolgt, wenn die Art oder Schwere der Behinderung so beschaffen ist, dass der Unterricht in regulären Klassen mit Hilfe zusätzlicher Hilfsmittel und Dienste nicht zufriedenstellend durchgeführt werden kann (P.L. 94-142, Abschnitt 1412 [5] [B]).

Die Forderungen des IDEA besagen, dass Kinder mit Behinderungen in einer möglichst wenig einschränkenden Umgebung unterrichtet werden sollen, in der die Schüler den größtmöglichen Zugang zu den Lehrplänen der jeweiligen Klassenstufe haben, die von Lehrern mit wissenschaftlich fundierten Strategien vermittelt werden (Odom et. al, 2003). Diese Praxis wird oft als Inklusion bezeichnet. Inklusion baut Beziehungen zu Gleichaltrigen auf und fördert die emotionale, soziale und kognitive Entwicklung und ist in den meisten entwickelten Ländern nachgewiesen (Yianni-Coudurier et. al., 2008).

Trotz der bekannten Vorteile und der weit verbreiteten Praxis der Inklusion äußern Lehrkräfte große Bedenken gegenüber dem Mainstreaming von Schülern mit Behinderungen (Jull, 2006). Einige Lehrer stellen die Entwicklung von Kindern mit Behinderungen in einem allgemeinen Bildungsumfeld in Frage (Yianni-Coudurier et al., 2008). Lehrer aller Fachrichtungen und Inhaltsbereiche berichten über Gefühle der Unzulänglichkeit im Hinblick auf den Unterricht von Schülern mit Behinderungen und erleben gemeinsam mit den Schülern und ihren Familien Frustration. Innerhalb der Schulgemeinschaft sind die Lehrkräfte besorgt über die Einbeziehung von Schülern mit Behinderungen in den allgemeinen Unterricht (Harding, 2009). Eine Umfrage von Agbenyega (2007) ergab drei Themen im Zusammenhang mit der Integration von Schülern mit Behinderungen in den Regelunterricht. Das erste Thema betraf die allgemeine Einstellung zur Inklusion. Die Ergebnisse deuten darauf hin, dass Lehrkräfte der Meinung sind, dass Schüler mit sensorischen Beeinträchtigungen und anderen Behinderungen nicht in die Regelschule gehören. Ein Teilnehmer kommentierte: "Bei normalen Schülern muss man nicht zu viel Zeit damit verschwenden, sie zu unterstützen und zu leiten... wir glauben nicht, dass das funktionieren wird. Es ist besser, wenn sie in den Sonderschulen bleiben" (Agbenyega, 2007, S. 51). Das zweite Thema, das auftauchte, betraf berufliche Fragen. Die Lehrer glaubten nicht, dass sie über die notwendigen Kenntnisse und Fähigkeiten verfügten, um Schüler mit Behinderungen angemessen zu unterrichten. Ein Lehrer sagte: "Wie können die politischen Entscheidungsträger erwarten, dass wir mit Schülern arbeiten, für die wir nicht ausgebildet wurden?" (Agbenyega, 2007, S. 51). Das dritte Thema betraf Ressourcenfragen, darunter Raumprobleme, Zugänglichkeit und Materialmangel.

Die unzähligen Bedenken, die von Lehrern in Bezug auf die Inklusion von Schülern mit Autismus in einer allgemeinbildenden Schule geäußert werden, wirken sich zweifellos auf die Einstellung des Lehrers aus. Harding (2009) untersuchte die Einstellung von Lehrern zur Inklusion und stellte vier Haltungen fest, die sich direkt darauf auswirken, wie der Lehrer auf den Schüler reagieren und ihn in die Klasse aufnehmen würde. Diese Haltungen sind Verbundenheit, Besorgnis, Gleichgültigkeit und Ablehnung, definiert als Unwilligkeit. Die Wahrnehmung des Lehrers hinsichtlich der Fähigkeit der Kinder, ihr eigenes Verhalten zu kontrollieren, war ausschlaggebend dafür, welche Einstellung er hatte und ob er bereit war, ein Kind als Mitglied der Klasse zu akzeptieren. Rose und Smith (1992) berichten, dass 57,9 % der Befragten einer landesweiten Umfrage angaben, dass Einstellungen und Werte ein "Hemmnis oder Verbot" (S. 6) für die Unterbringung von Vorschulkindern mit Behinderungen in einer allgemeinen Schulklasse darstellen. Schlechte Einstellungen rangierten in der Umfrage an zweiter Stelle nach Personalausbildung und Standards. Avramidis, Bayliss und Burden (2000) befragten erfahrene Lehrkräfte und entdeckten mehrere Faktoren, die die Einstellung der Lehrkräfte beeinflussen, darunter Selbstvertrauen und berufliche Ausbildung. Lehrer, die ein größeres Selbstvertrauen in ihre Fähigkeiten besaßen, und solche, die eine umfangreiche Vor- oder Fortbildung absolviert hatten, zeigten eine positivere Einstellung zur Integration. Es liegt auf der Hand, dass die frühere Ausbildung eines Lehrers und seine Sorge um Schüler mit Behinderungen im Klassenzimmer die Qualität der Bildung, die ein Schüler erhält, beeinflussen kann (Agbenyega, 2007).

Problemstellung

Ein Faktor, der die Einstellung der Lehrer beeinflusst, ist die berufliche Entwicklung und

Ausbildung. Das allgemeine Problem besteht darin, dass Lehrer in der Ausbildung, die für den Unterricht in allgemeinbildenden Schulen zugelassen sind, nur wenig Erfahrung in der Arbeit mit Kindern mit Behinderungen, insbesondere mit Autismus, haben. Das spezifische Problem besteht darin, dass sich trotz der begrenzten Erfahrung der angehenden Lehrkräfte Einstellungen und Überzeugungen über ihre Fähigkeiten, Kinder mit Autismus zu unterrichten, gebildet haben. Die aktuelle Studie befasst sich mit der Einstellung von angehenden Lehrkräften für Allgemeinbildung, die Schüler mit Autismus effektiv in die Allgemeinbildung einbeziehen müssen, nicht nur um eine Anforderung zu erfüllen, sondern als teilnehmende Mitglieder mit pädagogischen Anforderungen und Erwartungen. Diese Studie untersuchte die Einstellung von angehenden Lehrern zur Inklusion von Kindern mit Behinderungen, insbesondere Autismus, in einem allgemeinbildenden Klassenzimmer vor und nach einer gezielten Fortbildung über Autismus-Spektrum-Störungen.

Forschungsfrage

Die folgende Forschungsfrage wurde untersucht: Verbessern sich die Gruppenmittelwerte der Einstellungen von angehenden Lehrkräften nach einer gezielten Fortbildung zum Thema Inklusion von Schülern mit Autismus?

Glossar

- Autismus-Spektrum-Störungen - (ASD), eine Gruppe von Entwicklungsstörungen, die Gemeinsamkeiten im sozialen und kommunikativen Bereich sowie stereotype und ritualisierte Verhaltensweisen aufweisen, die sich im Alter des Auftretens und in der Schwere der Symptome unterscheiden (McLeskey, et al., 2010, S. 441)

- Hochqualifiziert - muss mindestens einen Bachelor-Abschluss haben, in Texas voll als Lehrer zugelassen sein und Kompetenz in seinem akademischen Kernfach nachweisen

- Inklusion - Schüler mit Behinderungen werden wertgeschätzt und in die Schulgemeinschaft einbezogen. Schüler mit Behinderungen sind aktive Mitglieder in den akademischen und sozialen Aspekten der allgemeinen Bildung Klassenzimmer

- Individuals with Disabilities Education Act (IDEA) - Bundesgesetz, das sicherstellt, dass alle Kinder und Jugendlichen mit Behinderungen das Recht auf eine kostenlose, angemessene öffentliche Bildung haben

- Am wenigsten einschränkende Umgebung - Anforderung des IDEA, die sich auf die Unterbringung von Schülern mit außergewöhnlichen Fähigkeiten bezieht. Allgemeine

Bildungseinrichtungen müssen in Betracht gezogen werden und Schüler mit Behinderungen müssen so weit wie möglich mit nicht behinderten Gleichaltrigen unterrichtet werden.

- No Child Left Behind (Kein Kind wird zurückgelassen) - Bundesgesetz, das von den Staaten verlangt, die Leistungen der Schüler in den Bereichen Mathematik, Lesen und Naturwissenschaften zu bewerten, hochqualifizierte Lehrer bereitzustellen und Schülern, die Schulen besuchen, die die Bundesrichtlinien für angemessene jährliche Fortschritte nicht erfüllen, die Wahl einer öffentlichen Schule zu ermöglichen

- Ressourcenklassenzimmer - Ein separates Klassenzimmer, in dem Schüler mit sonderpädagogischem Förderbedarf für einen Teil des Schultages unterrichtet werden können

- Eigenständiger Klassenraum - Ein separater Klassenraum, in dem Schüler mit schwereren Behinderungen den größten Teil oder den gesamten Schultag über unterrichtet werden

- Texas Essential Knowledge and Skills (TEKS) - staatlich vorgeschriebener Lehrplan des Bundesstaates Texas

KAPITEL 2

Überprüfung der Literatur

Die folgende Literaturübersicht untersuchte die im Bildungsbereich durchgeführte Forschung hinsichtlich der Einstellungen von Lehrern in der Ausbildung zur Inklusion von Schülern mit Autismus und Entwicklungsstörungen in allgemeinbildenden Schulen. Darüber hinaus wurden die Einstellungen von Lehrern in der Ausbildung untersucht, die sich bereits eine Meinung über die Einbeziehung von Kindern mit Autismus in allgemeinbildende Schulen gebildet haben. Die Studie stützte sich auf Banduras Konzepte der Selbstwirksamkeit als theoretischen Rahmen. Die Forschung zur Selbstwirksamkeit von Lehrern in Ausbildung und vor der Ausbildung wurde überprüft. Es folgt eine ausführliche Diskussion über Inklusion, einschließlich der historischen Entwicklung der Inklusion und der Vorteile der Inklusion. Auch die Einstellung von Lehrern in der Ausbildung und von angehenden Lehrern zur Inklusion wurde untersucht. Inklusion betrifft Schüler mit vielen Behinderungen; diese Studie befasst sich jedoch speziell mit Autismus-Spektrum-Störungen (ASD). Aus diesem Grund wurde eine Übersicht über die Literatur zu Autismus erörtert. Abschließend wurde die Rolle der gezielten beruflichen Weiterbildung in Bezug auf die Selbstwirksamkeit von angehenden Lehrkräften untersucht.

Theoretischer Rahmen

Banduras Theorie der sozialen Kognition

Bandura begann seine Theoriebildung in den späten 1950er Jahren mit der Veröffentlichung von Adolescent Aggression (Bandura & Walters, 1959). Der damalige Rahmen der Theorie des sozialen Lernens basierte auf den Grundsätzen der psychoanalytischen und der Lerntheorien (Grusec, 1992). Banduras zweites Buch schloss den Einfluss psychoanalytischer Ideen schnell aus und wandte sich einem eher verhaltensorientierten Konzept zu. Obwohl der Behaviorismus in der Tat die Theorie des sozialen Lernens beeinflusste, lehnte Bandura eine solche Abhängigkeit von der Konditionierung ab, um Verhaltensweisen zu ändern, und legte einen größeren Schwerpunkt auf die Rolle der Modellierung, indem er Konzepte der Informationsverarbeitung in die Theoriebildung einbezog. Die Rolle der Nachahmung und des Kognitionsprozesses beeinflusste die Theorie so sehr, dass Bandura 1980 die Soziale Lerntheorie in Soziale Kognitive Theorie umbenannte. Die Nachahmung wurde zum zentralen Thema der Theorie. Bandura erkannte, dass neues Verhalten nicht immer in Gegenwart des Modells auftritt. Daher konnte die Verstärkung nicht als Erklärung für die Verhaltensänderung dienen. Die Hauptaussage der sozial-kognitiven Theorie beruht auf der Art und Weise, wie Menschen soziale Situationen kognitiv verarbeiten und ihrerseits ihr persönliches Verhalten als Ergebnis der sozialen Erfahrung verändern (Bandura, 1977b).

Bandura begann in den späten 1970er Jahren mit der Untersuchung phobischer Verhaltensweisen und der Rolle, die Teilnehmermodelle bei der Korrektur solcher Phobien spielen (Grusec, 1992). In jüngerer Zeit haben Forscher festgestellt, dass Selbstwirksamkeit die Einstellungen und Überzeugungen einer Person beeinflusst (Berry, 2010; Lifshitz et al., 2004). Die Selbstwirksamkeit und letztlich die Einstellung einer Lehrkraft haben einen erheblichen Einfluss auf die Bildung eines Schülers mit einer Behinderung. Das Konzept der Selbstwirksamkeit stammt aus der Behandlung von Phobien und bezieht sich auf die Überzeugung, dass man eine Aufgabe effektiv ausführen kann (Van Der Roest, Kleiner, & Kleiner, 2011). Genauer gesagt, bilden Menschen Überzeugungen über ihre Fähigkeit, eine Aufgabe in einem bestimmten Bereich auszuführen, was wiederum die Bereitschaft der Person beeinflusst, die Aufgabe zu versuchen, und darüber hinaus den Umfang der Anstrengungen, die für die Aufgabe aufgewendet werden (Bandura, 1977a). Leistungsüberzeugungen über ein Verhalten oder Verhaltensänderungen entstehen durch einen kognitiven Prozess. Das Lernen erfolgt durch die erfolgreiche Ausführung der Aufgabe. Die Überzeugung einer Person, dass sie die Aufgabe erfolgreich bewältigen kann, hängt von früheren erfolgreichen Versuchen bei dieser Aufgabe ab. Daher haben die Theoretiker der Selbstwirksamkeit beschlossen, die vorhandenen Fähigkeiten der Person von einem erwarteten spezifischen Verhalten und einem realisierten spezifischen Ergebnis zu trennen. Eine Person hegt Wirksamkeitserwartungen in Bezug auf ein bestimmtes Verhalten. Die Wirksamkeitserwartung ist die Überzeugung, dass man das Verhalten, das notwendig ist, um ein bestimmtes Ergebnis herbeizuführen, erfolgreich ausführen kann. Den Wirksamkeitserwartungen untergeordnet sind die Ergebniserwartungen, d. h. die Einschätzung, dass ein bestimmtes Verhalten ein erwartetes Ergebnis hervorbringen wird (Bandura, 1977b). Eine Person muss ein hohes Maß an Wirksamkeitserwartung haben, bevor sie ein Verhalten überhaupt versucht.

Selbstwirksamkeit wird, wie von Bandura beschrieben, durch mehrere Quellen entwickelt. Er schlägt vor, dass Menschen Selbstwirksamkeit durch Leistungserfolge entwickeln (Bandura, 1977a). Indem eine Person an einer Aktivität teilnimmt und dabei Erfolg hat, entwickelt sie Selbstwirksamkeit. Bandura (1977b) schlägt vor, dass Leistungserfolge durch Modellierung der Teilnehmer, Desensibilisierung für Leistung, Leistungserfahrung und selbst angeleitete Leistung erreicht werden können. Selbstwirksamkeit kann auch durch stellvertretende Erfahrung in Form von Live-Modellierung und symbolischer Modellierung entwickelt werden. Verbale Überredung durch Suggestion, Ermahnung, Selbstinstruktion und interpretierende Behandlungen erhöhen ebenfalls die Selbstwirksamkeit. Schließlich wird die Selbstwirksamkeit durch emotionale Erregung mittels Attribution, Entspannung, symbolischer Desensibilisierung und symbolischer Exposition beeinflusst. Leistungserfolge sind im Allgemeinen das wirksamste Mittel zur Steigerung der Selbstwirksamkeit, gefolgt von stellvertretenden Erfahrungen und Modellierung (Sims & Lorenzi, 1992).

Armor et al. (1976) und Berman und McLaughlin (1977) veranschaulichten, wie sich die Überzeugungen von Lehrern auf ihre Fähigkeit auswirken, unterschiedliche Schüler effektiv zu unterrichten. Berman und McLaughlin (1977) stellten fest, dass die Selbstwirksamkeit die wichtigste Eigenschaft ist, um Veränderungen beim Lernen der Schüler zu bewirken. Armor et al. (1976) untersuchten die Auswahl eines Leseprogramms in einem bestimmten Schulbezirk. Auch hier war das Selbstwirksamkeitsgefühl der Lehrer ausschlaggebend dafür, welches Leseprogramm in den Schulen eingeführt wurde. Gibson und Dembo (1984) erweiterten Banduras Theorie der Selbstwirksamkeit, um ein Konstrukt zu entwickeln, das sich speziell mit dem Selbstwirksamkeitsgefühl von Lehrern im Klassenzimmer befasst. In drei Phasen haben Gibson und Dembo die Selbstwirksamkeit von Lehrern mit Banduras Theorie der Selbstwirksamkeit in Einklang gebracht. Bandura (1977a) beschrieb die Ergebniserwartung als die Überzeugung, dass ein bestimmtes Verhalten zu einem bestimmten Ergebnis führen wird. Gibson und Dembo (1984) setzten Banduras Konzept der Beziehung zwischen einem Verhalten und einem Ergebnis mit der Lehrwirksamkeit gleich. Unterrichtswirksamkeit ist die Überzeugung eines Lehrers, dass die Umgebung kontrolliert werden kann, damit die Schüler unterrichtet werden können. Unterrichtswirksamkeit wird weiter beschrieben als die Überzeugung, dass äußere Umstände wie der sozioökonomische Status, das Engagement der Eltern und der Intelligenzquotient mit Beharrlichkeit und Anstrengung seitens des Lehrers überwunden werden können. Zweitens beschrieb Bandura (1977a) persönliche Wirksamkeit als die Überzeugung, dass man die Verhaltensweisen ausführen kann, die notwendig sind, um ein bestimmtes Ergebnis zu erreichen. Gibson und Dembo (1984) setzen dies mit dem Konzept der persönlichen Unterrichtseffizienz gleich. Persönliche Unterrichtseffizienz ist die Überzeugung, dass die Lehrkraft über die notwendigen Fähigkeiten verfügt, um positive Veränderungen beim Lernen der Schüler zu bewirken.

Selbstwirksamkeit von Lehrkräften im Praktikum

Die Verhaltensweisen von Lehrern und ihre Entscheidungsfindung werden durch den Grad der Selbstwirksamkeit des Lehrers bestimmt (Almog & Shechtman, 2007). Eine hohe Selbstwirksamkeit der Lehrkräfte wirkt sich nachweislich auf viele Bereiche des schulischen

Umfelds von Allgemeinbildnern aus. Eine hohe Selbstwirksamkeit korreliert positiv mit einem größeren akademischen Erfolg, einem höheren Engagement der Lehrkraft und einer geringeren Anzahl von Überweisungen für sonderpädagogische Dienste (Viel-Ruma et al., 2010). Hohe Selbstwirksamkeitsraten korrelieren auch umgekehrt mit Berichten über Burnout im Klassenzimmer (Friedman, 2003).

Lehrer mit einer positiven Einstellung haben in der Regel ein hohes Maß an Selbstwirksamkeit und sind überzeugt, dass sie in der Lage sind, einen Schüler mit einer Behinderung zu unterrichten (Berry, 2010; Lifshitz et al., 2004). Soodak und Podell (1993) gehen davon aus, dass ein hohes Maß an Selbstwirksamkeit bei Lehrern dazu führt, dass die Schüler zunächst in einem allgemeinbildenden Klassenzimmer untergebracht werden und nicht in einem engeren Umfeld. Im Gegensatz dazu sind Lehrkräfte mit geringerer Selbstwirksamkeit der Meinung, dass Schüler mit Behinderungen nicht in einer allgemeinen Klasse unterrichtet werden sollten, da sie das Lernen der anderen Schüler beeinträchtigen könnten (Lopes et al., 2004).

Andere Untersuchungen haben gezeigt, dass die Selbstwirksamkeit bei der Zuschreibung von Schülerproblemen eine Rolle spielt. Lehrer mit einer hohen Selbstwirksamkeitsrate schreiben die Probleme der Schüler der Umgebung zu, im Gegensatz zu Lehrern mit einer niedrigeren Selbstwirksamkeitsrate, die die Probleme der Schüler auf den Lehrer selbst zurückführen (Brophy & McCaslin, 1992; Jordan et al., 1993).

Die Selbstwirksamkeit wirkt sich auch auf den Sonderpädagogen aus. Lehrkräfte für Sonderpädagogik mit einer höheren Selbstwirksamkeitsrate planen Unterrichtspraktiken in größerem Umfang und sind besser organisiert (Allinder, 1994). Viel-Ruma et al. (2010) untersuchten in einer Studie den Zusammenhang zwischen Selbstwirksamkeit und Arbeitszufriedenheit bei Sonderschullehrern. Die Autoren vermuteten, dass der Zusammenhang zwischen Selbstwirksamkeit und Arbeitszufriedenheit auch bei Sonderpädagogen bestehen könnte, da die Forschung gezeigt hat, dass Selbstwirksamkeit ein Prädiktor für die Arbeitszufriedenheit von Allgemeinpädagogen ist. Tatsächlich zeigten die Ergebnisse eine signifikante Beziehung zwischen Selbstwirksamkeit und Arbeitszufriedenheit bei Sonderschullehrern.

Almog und Shechtman (2007) führten eine Studie durch, um die Beziehung zwischen Wirksamkeit und Bewältigungsstil zu untersuchen, die durch den Einsatz hilfreicher Reaktionen auf verhaltensauffällige Sonderschüler ermittelt wurden. An der Studie nahmen 33 allgemeinbildende Lehrer in Israel mit drei bis fünf Schülern mit besonderen Bedürfnissen in jeder Klasse teil. Jeder Lehrer füllte einen Fragebogen zu seiner Selbstwirksamkeit in einem bestimmten Lernkontext aus. Außerdem nahmen sie an Interviews teil, in denen Vignetten mit hypothetischen Situationen dargestellt wurden. Schließlich wurden die Lehrer in ihren Klassenzimmern beobachtet, um zu sehen, wie sie tatsächlich auf problematische Verhaltensweisen reagieren. Die Ergebnisse zeigten, dass Lehrkräfte mit höherer Selbstwirksamkeit dazu neigen, in hypothetischen Situationen bei allen Arten von Vorfällen hilfreiche Reaktionen und Strategien zu verwenden, außer wenn die Schüler Gefahr laufen zu versagen. In Bezug auf die tatsächliche Situation im Klassenzimmer ergaben sich positive Korrelationen zwischen einer hohen Selbstwirksamkeit und hilfreichen Reaktionen auf impulsives und passiv-aggressives Verhalten der Schüler.

Selbstwirksamkeit und Einstellung von Lehrkräften im Vorbereitungsdienst

Ein Gefühl der Selbstwirksamkeit entwickelt sich während der gesamten Ausbildungszeit für angehende Lehrer. Lin, Gorrell und Taylor (2002) untersuchten amerikanische Lehrer im Vorbereitungsdienst und stellten fest, dass ihre Selbstwirksamkeit zwischen dem Beginn und dem Ende ihrer Ausbildung zunahm. Weitere Forschungsarbeiten haben den Zusammenhang zwischen Selbstwirksamkeit und Einstellung nachgewiesen. Berry (2010) führte eine Studie durch, um die Rolle der Selbstwirksamkeit bei der Entwicklung der Einstellung von angehenden Lehrkräften zu untersuchen. Die Ergebnisse stützen frühere Studien von Carroll et al. (2003) und Taylor und Sobel (2001), die auf ein mangelndes Vertrauen in ihre Fähigkeiten zum Unterrichten in einem integrativen Umfeld hinweisen. Berry zeigte, dass die angehenden Lehrkräfte zwar eine positive Einstellung haben, dass aber ihre Unerfahrenheit und ihr mangelndes Wissen zu Ängsten und Sorgen in Bezug auf die Integration von Schülern mit Behinderungen führen. Berry (2010) schloss die Studie mit Vorschlägen zur Steigerung der Selbstwirksamkeit von angehenden Lehrkräften, indem sie frühere Erfolge von angehenden Lehrkräften bei der Anwendung wirksamer Unterrichtsstrategien mit Schülern in der allgemeinen Bildung aufzeigte.

Eingliederung

Die Einstufung eines Schülers mit einer Behinderung in eine Bildungseinrichtung erfolgt durch den Ausschuss für Zulassung, Überprüfung und Entlassung (Admissions, Review, and Dismissal, ARD), der gebildet wird, um Entscheidungen über die Bildung des Schülers mit einer Behinderung zu treffen. Dem ARD-Ausschuss gehören die Eltern des Schülers, ein Lehrer der allgemeinen Schule, wenn das Kind in der allgemeinen Schule unterrichtet wird, ein Sonderschullehrer, ein Vertreter des Schulbezirks, eine Person, die in der Lage ist, Beurteilungsdaten zu interpretieren, gegebenenfalls andere Sachverständige und gegebenenfalls der Schüler an (Texas Administrative Code, Rule 89. 1050).

Zu den zahlreichen Aufgaben des ARD-Ausschusses gehört es auch, den besten Ort für die Unterrichtung des Schülers zu bestimmen. Das Gesetz für Menschen mit Behinderungen (Individuals with Disabilities Act, IDEA) enthält spezifische Richtlinien, nach denen ARD-Ausschüsse eine Entscheidung über die Unterbringung treffen müssen. IDEA bezieht sich auf die Unterbringung eines Schülers mit einer Behinderung in der am wenigsten einschränkenden Umgebung (LRE), die definiert ist als "eine starke Präferenz, aber kein Mandat, für die Unterrichtung von Kindern mit Behinderungen in regulären Klassen zusammen mit Gleichaltrigen ohne Behinderungen" (71 Fed. Reg. 46585). Weitere Erklärungen finden sich im Folgenden:

(i) Kinder mit Behinderungen, einschließlich Kindern in öffentlichen oder privaten Einrichtungen oder anderen Betreuungseinrichtungen, werden so weit wie möglich gemeinsam mit nicht behinderten Kindern unterrichtet; und

(ii) Sonderklassen, getrennter Unterricht oder eine andere Herausnahme von Kindern mit Behinderungen aus dem regulären Bildungsumfeld findet nur statt, wenn die Art oder Schwere der Behinderung so beschaffen ist, dass der Unterricht in regulären Klassen mit zusätzlichen Hilfsmitteln und Dienstleistungen nicht zufriedenstellend erreicht werden kann [§300. 114(a)].

Geschichte der Inklusion

Das Konzept der Inklusion ist relativ neu. Menschen mit Entwicklungsstörungen haben ein breites Spektrum an Erziehungs- und Behandlungsmöglichkeiten erfahren, das von der Heimunterbringung bis zu den heute in den Klassenzimmern anzutreffenden Formen reicht. Von Ende des 19. bis Mitte des 20. Jahrhunderts herrschte in der Öffentlichkeit die Meinung vor, dass Menschen mit Behinderungen in Einrichtungen untergebracht werden sollten (Beirne-Smith, Patton & Kim, 2006). Segregation wurde als die einzige praktikable Option angesehen, um das Fortbestehen des Genpools, der für die Entstehung von Menschen mit solchen Anomalien verantwortlich ist, zu verhindern. Es wurde angenommen, dass durch die Trennung von Männern und Frauen während der gebärfähigen Jahre die Wahrscheinlichkeit, "schwachsinnige" Kinder zu zeugen, vermindert würde.

Diese Gedanken setzten sich bis zum Beginn des 20. Jahrhunderts durch, als die Testbewegung einsetzte und schließlich die Meinung der Menschen änderte. Binet und Simon entwickelten in Frankreich einen Intelligenztest, um herauszufinden, welche Kinder von einem Unterricht profitieren könnten, der speziell auf ihre besonderen pädagogischen Bedürfnisse zugeschnitten ist. Der Test wurde schließlich 1911 von Goddard ins Englische übersetzt und 1916 von Terman verfeinert und öffnete die Tür für breitere Ideale hinsichtlich der Erziehung von Kindern mit Behinderungen.

In den folgenden Jahrzehnten ergaben sich viele Gelegenheiten, Menschen mit Entwicklungsstörungen in einer angemesseneren Weise zu betrachten. Die Sonderpädagogik wurde 1922 zu einem anerkannten Beruf, als eine internationale Organisation gegründet wurde, die sich mit der Erziehung von Kindern mit Behinderungen befasste. Diese Organisation ist heute unter dem Namen Council for Exceptional Children bekannt. Im Laufe der Zeit, in der Mitte des Jahrhunderts, entwickelten die Schulen eine dienstleistungsorientierte Ausrichtung für Kinder mit Behinderungen. Der Gedanke war, den Kindern die Fähigkeiten zu vermitteln, die sie für den Übergang von der öffentlichen Schule zu einem unabhängigen Leben benötigen. In dieser Zeit wurden eigenständige Klassen entwickelt und ein Kontinuum von Dienstleistungen für Kinder mit Behinderungen angeboten. Das Kontinuum umfasste sowohl eigenständige Klassen als auch Förderklassen und geschützte Werkstätten. Im Jahr 1975 wurde das Gesetz 94-142 verabschiedet, das Kindern mit Behinderungen das Recht auf eine kostenlose und angemessene öffentliche Bildung garantiert. Die meisten Kinder mit geistiger Behinderung verbringen mindestens die Hälfte ihres Schultages in eigenständigen Klassen und die andere Hälfte in allgemeinen Bildungseinrichtungen. Die Unterbringung in der allgemeinen Schule beschränkte sich jedoch in erster Linie auf die räumliche Unterbringung im Klassenzimmer und nicht auf den inhaltlichen Unterricht.

Mitte der 80er Jahre wurde der Schwerpunkt auf ein unterstützungsbasiertes Modell mit hohen inhaltlichen Erwartungen an Schüler mit Behinderungen gelegt. Das neue Modell förderte die Eingliederung von Kindern mit Behinderungen in das allgemeine Bildungssystem mit der für eine angemessene Bildung erforderlichen Unterstützung. Diese hohe Erwartung wurde im Individuals with Disabilities Education Act (1990, 1997, 2004) weiter zum Ausdruck gebracht, der die Forderungen nach Inklusion von Kindern mit Behinderungen verstärkte. Das Hauptanliegen der Inklusion besteht darin, die notwendige Unterstützung in die allgemeine Klasse zu bringen, anstatt das Kind von seinen gleichaltrigen Mitschülern zu trennen, um seinen sonderpädagogischen Bedürfnissen gerecht zu werden (Kilanowski-Press, Foote & Rinaldo, 2010).

Der Zweck der Inklusion ist nicht nur systemisch; er besteht auch darin, allen Schülern die Teilnahme an wertvollen Aktivitäten zu ermöglichen (Reindal, 2010), wodurch ein sekundärer Zweck der Inklusion entsteht. Der No Child Left Behind Act (NCLB; U. S. Department of Education [USDOE], 2002) verlangt, dass Lehrkräfte in ihren jeweiligen Fachbereichen hochqualifiziert sind (Kilanowski-Press, et al., 2010). Folglich erfüllen viele Sonderschullehrer allein aufgrund ihrer Lehrbefähigung nicht die Erwartungen des Gesetzes. Die meisten Sonderschullehrer verfügen über eine allgemeine sonderpädagogische Qualifikation ohne Spezialisierung auf einen bestimmten Bereich. Daher müssen Schülerinnen und Schüler, bei denen ein sonderpädagogischer Förderbedarf festgestellt wurde, von einer Lehrkraft unterrichtet werden, die über eine hohe Qualifikation in dem betreffenden Fachgebiet verfügt. Dies bedeutet, dass Schüler mit Behinderungen in allgemeinbildenden Schulen unterrichtet werden müssen, wenn die Sonderpädagogen nicht über eine entsprechende Qualifikation verfügen. Im Idealfall wird auch ein Sonderpädagoge für den jeweiligen Inhaltskurs abgestellt, um mit dem Lehrer für allgemeine Bildung zusammenzuarbeiten und so die Erfolgsaussichten des Schülers mit besonderen Bedürfnissen zu verbessern.

Vorteile der Eingliederung

Trotz der von den Lehrkräften geäußerten Bedenken hinsichtlich der Praxis der Inklusion wurden viele Untersuchungen zum Erfolg der Inklusionspraxis durchgeführt (McLeskey, Rosenberg, & Westling, 2010). Die Vorteile der Inklusion betreffen Kinder mit und ohne Behinderungen. Schüler mit Behinderungen zeigen Vorteile in den Bereichen Verhalten und soziale Fähigkeiten. Zu den Verhaltensvorteilen gehören die Verringerung stereotyper Verhaltensweisen, die Verbesserung der Selbsthilfefähigkeiten, die Akzeptanz von Übergängen und Routineunterbrechungen sowie die Unabhängigkeit (Eldar, Talmor, & Wolf-Zukerman, 2010). Kinder mit Behinderungen machen große soziale Fortschritte, wenn sie vollständig in ein allgemeines Bildungssystem integriert sind. Sie zeigen mehr Engagement, entwickeln bessere Fähigkeiten, Freundschaften zu schließen, und geben und erhalten mehr soziale Unterstützung (Eldar et. al., 2010). Die Forschung hat gezeigt, dass Schüler mit Behinderungen ihr Selbstwertgefühl steigern, zur Entwicklung von Freundschaften beitragen und ihren sozialen Status unter Gleichaltrigen in integrativen Klassen erhöhen (Boutot & Bryant, 2005; Freeman & Alkin, 2000; Salend & Duhaney, 1999). Sun (2007) berichtete, dass die Wahrscheinlichkeit, dass ein Schüler mit besonderen Bedürfnissen unabhängig lebt, größer ist, wenn er häufiger an allgemeinen Bildungseinrichtungen teilnimmt als an Pull-out-Programmen.

Schüler ohne Behinderungen profitieren von der Inklusion, indem sie die Unterschiede zwischen Gleichaltrigen akzeptieren, ein größeres Verständnis für Behinderungen entwickeln, ihr Selbstwertgefühl durch die Hilfe für andere steigern und Freundschaften mit Schülern mit Behinderungen schließen (Boutot & Bryant, 2005; Burstein, Sears, Wilcoxen, Cabello, & Spagna, 2004; Galucci & Schwartz, 2004; Salend & Duhaney, 1999). Jones (2007) führte eine qualitative Studie durch, die sich speziell auf normal entwickelte Schüler konzentrierte, die als Peer-Tutoren für Kinder mit Autismus ausgewählt wurden. Die Kinder wurden im Anschluss an die Studie befragt. Die Peer-Tutoren konnten viele persönliche Vorteile für sich verbuchen, darunter "ein besseres Verständnis von Autismus, ein gutes Selbstwertgefühl, mehr Verantwortungsbewusstsein, die Erkenntnis, wie viel Glück sie haben und dass sie Dinge nicht als selbstverständlich ansehen" (S. 6). Andere Forschungsarbeiten haben die Vorteile einer Verbesserung der Arbeitsgewohnheiten, des Selbstvertrauens, des aufgabenbezogenen Verhaltens und der Risikobereitschaft durch die Einbeziehung von Schülern mit besonderen Bedürfnissen beschrieben (Dore, Dion, Wagner, & Brunet, 2002; Foreman, Arthur-Kelly, Pascoe, & King, 2004; Waldron, McLeskey, & Pacchiano, 1999).

Eine große Sorge vieler Pädagogen und Verwaltungsangestellter ist die Auswirkung der Inklusion auf die Ergebnisse der anspruchsvollen Tests. Idol (2006) bewertete acht Schulen in einer südwestlichen Stadt, um zu untersuchen, ob an jeder der Schulen Inklusion stattfindet und inwieweit sich die Inklusion auf die Testergebnisse und andere Faktoren auswirkt. Die Ergebnisse zeigten, dass an drei der vier untersuchten Grundschulen die Testergebnisse über einen Zeitraum von vier Jahren anstiegen. An der vierten Schule blieben die Ergebnisse in einer Klassenstufe über den Zeitraum von vier Jahren gleich. Ähnliche Ergebnisse wurden auch an den untersuchten Schulen der Sekundarstufe festgestellt.

Einstellungen von Lehrkräften in der Ausbildung zum Thema Inklusion

In der Literatur werden viele Modelle der Inklusion beschrieben, darunter auch der gemeinsame Unterricht, bei dem sich ein Allgemeinpädagoge und ein Sonderpädagoge die Verantwortung für den Unterricht teilen (McLeskey et al., 2010). In anderen Fällen kann der Sonderpädagoge eine beratende Funktion übernehmen. Der Schwerpunkt der Inklusion und ihres Erfolgs liegt jedoch nicht auf dem Modell, dem sich eine Lehrkraft verschrieben hat. Der Erfolg der Inklusion hängt vielmehr von den Einstellungen ab, die jeder der vielen am Schulprozess beteiligten Parteien zum Lernen der Schüler hat (Kilanowski-Press et. al, 2010). Zu den wichtigsten Mitgliedern, die zum Erfolg oder Misserfolg der Inklusion beitragen, gehören die Schüler, die Eltern, die Verwalter, die auf dem Campus und in höheren Verwaltungspositionen tätig sind, die Lehrer für allgemeine und sonderpädagogische Förderung, die Hilfskräfte und die unterstützenden Fachkräfte, einschließlich der Fachdienste und Fachkräfte wie Musik- und Sportlehrer. Jedes Teammitglied bringt eine Reihe von Überzeugungen und Einstellungen dazu mit, wie ein Schüler mit einer Behinderung am besten unterrichtet werden kann (Rose & Smith, 1992).

Die Einstellung von Lehrern, die oft als guter Prädiktor für Verhalten gilt, ist seit langem

Gegenstand der Forschung (Fazio & Zanna, 1978). Die Einstellung bezieht sich im Allgemeinen auf die Überzeugung einer Person zu einem bestimmten Thema und steuert die erwarteten Verhaltensweisen in Bezug auf das Thema (Combs et al., 2010). Ross-Hill (2009) geht davon aus, dass Eingliederungspraktiken ohne die positive Einstellung der Lehrkräfte nicht erfolgreich sein können. Auch Agbenyega (2007) berichtet, dass die Einstellung der Lehrkräfte nicht nur einen direkten Einfluss auf die Unterbringung von Schülern mit Behinderungen hat, sondern auch auf das Material und die Qualität des Unterrichts für Kinder mit Behinderungen. Die Einstellung eines Lehrers wirkt sich direkt auf die Umsetzung von Maßnahmen aus, von denen bekannt ist, dass sie bei Kindern mit Behinderungen wie Autismus erfolgreich sind (McGregor & Campbell, 2001).

Studien haben gemischte Ergebnisse in Bezug auf die vorherrschende Einstellung von Lehrern zur Inklusion von Kindern mit Behinderungen erbracht. Einige Untersuchungen deuten darauf hin, dass Lehrkräfte eine hohe Neigung zur Inklusion von Kindern mit Behinderungen haben (Hwang & Evans, 2011). Villa et al. (1996) befragten 578 allgemeinbildende Lehrkräfte nach ihrer Einstellung zur Inklusion. 78,8 % der Befragten gaben eine positive Einstellung an. Die Daten von deuten darauf hin, dass die Zusammenarbeit zwischen den Lehrkräften und die Unterstützung durch die Verwaltung wichtige Prädiktoren für eine positive Einstellung der Lehrkräfte für allgemeine Bildung sind. Ähnliche Ergebnisse wurden von Scruggs und Mastropieri (1996) in einer viel größeren Umfrage unter 7.385 Lehrkräften der allgemeinen Bildung ermittelt. In dieser Studie gaben 65 % der Befragten an, dem Konzept der Integration positiv gegenüberzustehen. Darüber hinaus gaben 53,4 % der Befragten an, dass sie bereit sind, für die verschiedenen behinderten Schüler in ihren Klassen die notwendigen Vorkehrungen zu treffen. Die positive Einstellung der Lehrkräfte, über die in mehreren zitierten Studien berichtet wird, lässt auch Vorbehalte bei der Interpretation zu. Einige Lehrkräfte bekunden zwar ihre Bereitschaft, Anpassungen vorzunehmen, zeigen jedoch, dass ihre Bereitschaft von der vorliegenden Behinderung abhängt, insbesondere von emotionalen und Verhaltensproblemen, Gehörlosigkeit und schweren kognitiven Defiziten (Hwang & Evans, 2011).

Andere Studien ergaben eine weniger positive Einstellung der Lehrkräfte zur Integration von Schülern mit Behinderungen. Das U.S. Department of Education, Office of Special Education and Rehabilitative Services (U.S. DE OSERS, 2006) untersuchte die Einstellung von Lehrern der allgemeinen Bildung. Die Lehrer gaben an, dass es ihnen an Verständnis und Bereitschaft mangelt, um Schüler mit Behinderungen in ihren allgemeinbildenden Klassen zu unterrichten. Rose und Smith (1992) führten eine landesweite Umfrage durch, um festzustellen, ob es im

Bildungssystem Hindernisse gibt, die den Prozess der Eingliederung von Vorschulkindern behindern. Zu den Befragten gehörten Erzieher, Eltern und Verwaltungsangestellte. Die Teilnehmer wurden gebeten, aus einer Liste potenzieller Barrieren die Hindernisse zu benennen, die der Unterbringung von Kindern mit Behinderungen in allgemeinen Bildungseinrichtungen entgegenstehen. Als größtes Hindernis wurden in der Umfrage die Ausbildung und die Standards des Personals genannt. An zweiter Stelle standen die Werte und Einstellungen. Eine weitere Untersuchung der Befragten ergab, dass 65 % der örtlichen Leiter von Sonderschulen und 100 % der Eltern die Einstellung und die Wertvorstellungen als ein Hindernis für die Unterbringung in einer allgemeinen Schule nannten. Die Befragten wurden außerdem gebeten, die Einstellungshindernisse zu benennen. 29 % der Teilnehmer nannten Probleme mit dem Umfeld. Die Bereitschaft der Lehrkräfte wurde von 28 % der Teilnehmer angeführt.

Weitere Forschungsstudien haben verschiedene Ursachen für die negative Einstellung von Lehrern gegenüber der Integration von Kindern mit Behinderungen aufgezeigt (Beare, 1985, Norrell, 1997; Snowden, 2003). Diese Negativität wird von mehreren Faktoren beeinflusst. Block und Obrusnikova (2007) und Detres (2005) führten die Vorbereitung/Ausbildung der Lehrer als Faktoren an, die zur Einstellung der Lehrer beitragen. Scruggs und Mastropieri (1996) führten eine Metaanalyse von Studien durch, die zwischen 1958 und 1995 durchgeführt wurden. Die Analyse ergab, dass ein Drittel der Lehrer einen Mangel an Ressourcen, Ausbildung und Fähigkeiten angab, die für eine erfolgreiche Eingliederung erforderlich sind, was sich auf die Einstellung der Lehrer auswirkt.

Andere Studien untersuchten den Schweregrad der Behinderung und die Vertrautheit mit Menschen mit Behinderungen und stellten fest, dass auch dies die negative Einstellung der Lehrer beeinflusst (Gary, 1997; Scruggs & Mastropieri, 1996). Downing (2004) und Campbell (2003) nannten Verhaltensweisen als Hindernisse für eine erfolgreiche Integration von Schülern mit Behinderungen, die sich auf die Einstellung der Lehrer zur Integration von Schülern mit Behinderungen in den allgemeinen Unterricht auswirken. Robertson, Chamberlain und Kasari (2003) untersuchten Beziehungsprobleme zwischen Lehrern und Kindern mit Autismus. Einige Kinder mit Behinderungen, insbesondere mit Autismus, haben oft ein unterschiedliches Maß an Verhaltensauffälligkeiten. Die Forscher verwendeten eine Schüler-Lehrer-Beziehungsskala (Pianta, 1992), um die Beziehung zwischen dem Lehrer und dem Schüler mit Autismus zu messen. Die Ergebnisse zeigten, dass Schüler mit größeren Verhaltensproblemen weniger gute Beziehungen zu den Lehrern unterhielten. Die Forscher stellten fest, dass zwischen Lehrern und sich normal entwickelnden Kindern, die Verhaltensprobleme zeigten, angespannte Beziehungen bestanden. Eldar et al. (2010) führten eine qualitative Studie mit Inklusionskoordinatoren durch, die für den Übergang von Kindern in allgemeine Bildungseinrichtungen zuständig waren. Ein Faktor, der zu einer negativen Einstellung zur Inklusion beitrug, war die Weigerung wichtiger Teammitglieder, das Kind als Mitglied der Klasse zu akzeptieren. Ein Teilnehmer kommentierte: "... die Klassenlehrerin ist furchtbar. Sie ist emotional nicht für die Inklusion verfügbar und vermittelt das Gefühl, dass man sie für die Tatsache loben sollte, dass sie überhaupt zugestimmt hat, ein solches Kind in ihre Obhut zu nehmen" (Eldar et al., 2010, S. 105).

Einstellungen von Lehrkräften im Vorbereitungsdienst zum Thema Inklusion

Die Einstellung eines angehenden Lehrers kann ein guter Prädiktor für künftige Verhaltensweisen in Bezug auf die Eingliederung eines Schülers mit einer Störung, insbesondere Autismus, sein. Studien haben gemischte Ergebnisse bezüglich der Einstellung von angehenden Lehrern zur Inklusion berichtet. Mehrere internationale Studien über angehende Lehrkräfte wiesen auf eine schlechte Einstellung hin (Alghazo, Dodeen & Alyaryouti, 2003; Ellins & Porter, 2005; Romi & Leyser, 2006; Sharma & Desai, 2003), während angehende Lehrkräfte im Vereinigten Königreich eine positive Einstellung zur Inklusion zeigten (Avramidis et al., 2000).

Ryan (2009) führte eine Studie durch, um die Einstellung von angehenden Lehrkräften zur Inklusion zu untersuchen. Ryan definierte Einstellung als eine Eigenschaft mit mehreren Komponenten, darunter Kognition, Affekt und Verhalten. Zur Kognition gehören die Überzeugungen und das Wissen einer Person über ein Thema, die den Affekt, die emotionale Einstellung und das Verhalten einer Person sowie die physischen Handlungen, an denen eine Person beteiligt ist, beeinflussen. In diese Studie wurden Studierende einbezogen, die im Rahmen ihres Vorbereitungsprogramms an einer umfassenden Schulung zum Thema Inklusion teilgenommen hatten. Die Ergebnisse deuten auf eine positive Einstellung zur Inklusion hin, allerdings mit dem Vorbehalt, dass sie zusätzliche Schulungen vorziehen würden.

Park, Chitiyo und Choi (2010) untersuchten die Einstellung von angehenden Lehrern zur Inklusion von Kindern mit Autismus. Die Ergebnisse zeigten, dass die angehenden Lehrer eine hohe positive Einstellung hatten, die mit der Autism Attitude Scale for Teachers (AAST) gemessen wurde. Weitere Untersuchungen ergaben, dass angehende Lehrer, deren Hauptfach Sonderpädagogik war, eine höhere positive Einstellung hatten als Studenten, deren Hauptfach Allgemeinbildung war.

Silverman (2007) untersuchte die Beziehung zwischen der Einstellung von angehenden Lehrern zur Inklusion und ihren epistemologischen Überzeugungen. Erkenntnistheoretische

Überzeugungen wurden definiert als "Überzeugungen über Wissen und Lernen" (Silverman, 2007, S. 43). Die Studie umfasste 71 angehende Lehrkräfte in Master- und Bachelor-Studiengängen. Die Teilnehmer füllten Fragebögen aus, in denen sie ihre epistemologischen Überzeugungen und ihre Einstellung zur Inklusion erfassten. Die Ergebnisse zeigten eine starke Korrelation zwischen hohen erkenntnistheoretischen Überzeugungen und hohen Einstellungen, was darauf hindeutet, dass Lehrer mit starken Überzeugungen in Bezug auf Lernen und Wissen eher bereit sind, den Prozess durchzuhalten, der notwendig ist, um Schüler mit Behinderungen in inklusiven Umfeldern zu unterrichten.

Autismus-Spektrum-Störungen

Die Prävalenz von Autismus-Spektrum-Störungen ist seit 1943, als Leo Kanner die Störung erstmals beschrieb (Kanner, 1943), im Steigen begriffen. Zu der Zeit, als die Störung zum ersten Mal anerkannt wurde, war die Meinung über das Vorhandensein von Autismus bei einer Person eine andere als die heute bekannte. Fachleute glaubten, dass Autismus eine kategorische Störung sei. Entweder wurde bei einer Person definitiv Autismus diagnostiziert oder sie hatte keinen Autismus (Baron-Cohen, 2008). Damals ging man davon aus, dass die Prävalenz von Autismus bei 4 von 10.000 Menschen liegt (Baron-Cohen, 2008) und sich auf das beschränkt, was als klassischer Autismus angesehen wird. Dr. Lorna Wing widerlegte die kategorische Natur des Autismus und schlug vor, dass der klassische Autismus eher eine Spektrumsstörung sei und 10-20 von 10.000 Personen betreffe (Wing & Gould, 1979).

Das Diagnostische und Statistische Handbuch Psychischer Störungen, 4. Auflage (DSM-IV), definiert die autistische Störung wie folgt:

A. Insgesamt sechs (oder mehr) Punkte aus (1), (2) und (3), davon mindestens zwei aus (1) und je einer aus (2) und (3):

(1) qualitative Beeinträchtigung der sozialen Interaktion, die sich in mindestens zwei der folgenden Punkte äußert:

(a) ausgeprägte Beeinträchtigung des Einsatzes verschiedener nonverbaler Verhaltensweisen wie Blickkontakt, Gesichtsausdruck, Körperhaltung und Gesten zur Regulierung sozialer Interaktion

(b) Versagen beim Aufbau von Beziehungen zu Gleichaltrigen, die dem Entwicklungsstand entsprechen

(c) mangelndes spontanes Bestreben, Freude, Interessen oder Errungenschaften mit anderen

Menschen zu teilen (z. B. durch mangelndes Zeigen, Mitbringen oder Aufzeigen von Gegenständen von Interesse)

(d) Mangel an sozialer oder emotionaler Gegenseitigkeit

(2) qualitative Beeinträchtigungen der Kommunikation, die sich in mindestens einem der folgenden Punkte äußern:

(a) Verzögerung oder völliges Fehlen der Entwicklung der gesprochenen Sprache (ohne Versuch, dies durch alternative Kommunikationsformen wie Gestik oder Mimik zu kompensieren)

(b) bei Personen mit adäquatem Sprachvermögen: deutliche Beeinträchtigung der Fähigkeit, ein Gespräch mit anderen zu beginnen oder aufrechtzuerhalten

(c) stereotyper und sich wiederholender Sprachgebrauch oder idiosynkratische Sprache

(d) Mangel an abwechslungsreichem, spontanem Phantasiespiel oder sozialem Nachahmungsspiel, das dem Entwicklungsstand entspricht

(3) eingeschränkte, sich wiederholende und stereotype Verhaltensmuster, Interessen und Aktivitäten, die sich in mindestens einem der folgenden Punkte äußern:

(a) umfassende Beschäftigung mit einem oder mehreren stereotypen und eingeschränkten Interessenmustern, die entweder in ihrer Intensität oder ihrem Fokus abnormal ist

(b) scheinbar unflexibles Festhalten an bestimmten, nicht funktionalen Routinen oder Ritualen

(c) stereotype und sich wiederholende motorische Manierismen (z. B. Hand- oder Fingerschlagen oder -drehen oder komplexe Ganzkörperbewegungen)

(d) Anhaltende Beschäftigung mit Teilen von Objekten

B. Verzögerungen oder Funktionsstörungen in mindestens einem der folgenden Bereiche, die vor dem Alter von 3 Jahren auftreten: (1) soziale Interaktion, (2) Sprache in der sozialen Kommunikation oder (3) symbolisches oder fantasievolles Spiel.

C. Die Störung lässt sich nicht besser mit der Rett'schen Störung oder der Desintegrativen Störung der Kindheit erklären. (American Psychiatric Association, 1994, Diagnostic and Statistical Manual of Mental Disorders, S. 70-71).

Die Erforschung der Prävalenz von Autismus wurde im Laufe der Jahrzehnte fortgesetzt, wobei die Raten ständig zunahmen. Für den Berichtszeitraum 2000 gaben die Centers for Disease Control (CDC) eine Prävalenzrate bei Kindern im Alter von acht Jahren von durchschnittlich 6,7 pro 1.000 Kindern an. Im Jahr 2006 lag die Prävalenzrate bei etwa einem von 110 Kindern mit einer Autismus-Spektrum-Störung (Rice, 2007). Kürzlich wurde in Korea eine Studie durchgeführt, die sich auf alle Kinder der Grundschulbevölkerung einer Region konzentrierte, einschließlich der Kinder ohne bekannte autistische Störungen und der Kinder mit einer hohen Wahrscheinlichkeit, eine Störung zu haben. Die Ergebnisse zeigten eine Prävalenzrate von 2,64 % (Kim et. al., 2011). Die Ergebnisse zeigten, dass von den Grundschülern, bei denen eine Autismus-Spektrum-Störung festgestellt wurde, zwei Drittel in der Regelklasse unterrichtet wurden. Die Kinder wurden unter ihren typischen, nicht behinderten Altersgenossen unterrichtet, obwohl bei ihnen kein Autismus diagnostiziert worden war. Die Forscher kamen zu dem Schluss, dass eine frühere Erkennung und Beurteilung von entscheidender Bedeutung ist (Kim et al., 2011).

Prävalenz von Autismus-Spektrum-Störungen in Texas

In den texanischen Schulen ist die Prävalenz von Autismus-Spektrum-Störungen in gleichem Maße gestiegen wie in den nationalen Daten. Die lokalen Bildungsbehörden (Local Education Agencies, LEAs) melden der texanischen Bildungsbehörde (Texas Education Agency, TEA) die Zahl der Kinder, die je nach ihrer primären Förderkategorie sonderpädagogische Leistungen erhalten. Viele Kinder mit Behinderungen haben neben der ursprünglichen Störung noch andere Erkrankungen. Für Datenzwecke wird jedoch nur die primäre Behinderung angegeben. In Texas ist die Zahl der Kinder mit der primären Förderungswürdigkeit Autismus in der Sonderschule um 313 % gestiegen. Im Jahr 2001 gab es in diesem Bundesstaat 7.156 Kinder mit Autismus. Diese Zahl stieg auf 29.536 im Jahr 2010 (TEA, 2011). Eine weitere Datenanalyse zeigt, dass von den 29.536 Schülern mit Autismus etwa 20 % in einer allgemeinen Schule unterrichtet wurden.

Klassenzimmer unterrichtet und während mehr als 21 % des Tages nicht entfernt. Etwa ein Drittel wurde 21-60 % des Schultages in einer Förderklasse unterrichtet, und ein weiteres Drittel wurde mehr als 60 % des Schultages in einem eigenständigen Klassenzimmer unterrichtet. Die verbleibenden 20 % der Kinder wurden in anderen Einrichtungen unterrichtet, darunter Vorschulprogramme, Heime, Berufsbildungsprogramme, Heimeinrichtungen und staatliche Schulen.

Berufliche Entwicklung und Einstellung

Berufsbegleitenden Lehrkräften des allgemeinen Bildungswesens werden zahlreiche Möglichkeiten zur Teilnahme an Weiterbildungsmaßnahmen durch den ihnen zugewiesenen Bezirk und Campus, regionale Servicezentren oder durch kommerziell konzipierte und produzierte Konferenzen geboten. DeSimone und Parmar (2006) berichteten über positive Auswirkungen der beruflichen Weiterbildung auf die Effizienz der Lehrkräfte beim Unterrichten von Schülern mit Lernschwierigkeiten. Die Studie zeigte jedoch auch, dass die Zahl der Fortbildungsmöglichkeiten, an denen die Lehrer tatsächlich teilnahmen, begrenzt war. In einer Umfrage besuchten 43 % der Mathematiklehrer an allgemeinbildenden Schulen weniger als drei Fortbildungsseminare. Aus den Kommentaren der Teilnehmer ging hervor, dass die Veranstaltungen nicht nützlich waren, da sie keine Unterrichtsstrategien für den Unterricht von Schülern mit Lernschwierigkeiten vermittelten. Auf der Grundlage dieser Informationen untersuchten Kosko und Wilkins (2009) die Korrelation zwischen der Anzahl der Fortbildungsstunden und der wahrgenommenen Selbstwirksamkeit von Lehrkräften in der beruflichen Weiterbildung. Die Ergebnisse deuten darauf hin, dass jede Art von Fortbildung die wahrgenommene Selbstwirksamkeit erhöht; mindestens acht Stunden Fortbildung verdoppelten jedoch tendenziell das Niveau der Selbstwirksamkeit. Diese Studie zeigte den Wert der beruflichen Weiterbildung für berufsbegleitende Lehrkräfte auf, verdeutlichte aber auch die Schwierigkeiten, die sich bei der Bereitstellung einer ausreichenden Weiterbildung nach Abschluss eines Vorbereitungsprogramms für Lehrkräfte ergeben. Darüber hinaus würde ein Anstieg der Selbstwirksamkeit nach einer Fortbildung auch zu einem Anstieg der Einstellung führen, wie es in der Literatur beschrieben wurde.

Lehrkräfte in der Ausbildung haben wenig Gelegenheit, eine positive Einstellung zur Inklusion von Schülern mit Behinderungen zu entwickeln; daher ist die Ausbildung von Lehrkräften in der Vorbereitungsphase der beste Weg, um sicherzustellen, dass die Lehrkräfte die Einstellung entwickeln, die für einen effektiven Unterricht in einer integrativen Klasse erforderlich ist (Sharma et al., 2006). Allerdings bieten die Studiengänge zur Vorbereitung von Lehrern im Allgemeinen nur begrenzte Möglichkeiten, Schüler mit Autismus und anderen Entwicklungsstörungen zu unterrichten (Sharma et al., 2008). Die meisten Schulen verlangen von angehenden Lehrkräften der allgemeinen Bildung einen Kurs über außergewöhnliche Fähigkeiten. Der Kurs ist oft so konzipiert, dass eine Woche Unterricht für jede der 13 Kategorien der Sonderpädagogik vorgesehen ist. Die Forschung hat gezeigt, dass die Ausbildung einen direkten Einfluss auf das Gefühl der Selbstwirksamkeit eines Lehrers haben kann (Berry, 2010). In vielen Studien hat sich gezeigt, dass die Ausbildung über spezifische Behinderungen ein konstanter Faktor ist, der zur Einstellung der Lehrkräfte zum integrativen Unterricht beiträgt (Avramidis & Norwich, 2002; Center & Ward, 1987; Hastings & Graham, 1995; Loreman & Earle, 2007; Loreman, Forlin, & Sharma, 2007; Sharma et al., 2006; Subban & Sharma, 2006).

Jenkins und Ornelles (2007) entwickelten ein Erhebungsinstrument, um das Vertrauen der angehenden Lehrer in die Unterstützung von Schülern mit Behinderungen zu messen. Die Umfrage wurde unter an zwei verschiedenen Gruppen an der Universität von Hawaii durchgeführt. Die Teilnehmer waren entweder Studenten der Allgemeinbildung oder nahmen an einem dualen Zertifizierungsprogramm teil. Die Teilnehmer des allgemeinbildenden Studiengangs gaben in allen Bereichen deutlich weniger Antworten, was auf ein geringeres Vertrauen in die Arbeit mit Schülern mit Behinderungen hindeutet. Die Umfrage wurde später an berufsbegleitende Lehrer in Hawaii durchgeführt, um zu untersuchen, inwieweit sie sich zutrauen, unterschiedliche Lernende zu unterrichten. An der Studie nahmen 827 Lehrkräfte des allgemeinen Unterrichts und der Sonderpädagogik teil. Die Forscher untersuchten zusätzlich das Maß an Selbstvertrauen in Bezug auf die Dienstjahre, wobei die Gruppen null bis drei, vier bis acht, neun bis 15 und mehr als 16 Jahre Erfahrung umfassten. Die Ergebnisse zeigten, dass die Anzahl der Dienstjahre keinen Einfluss auf das Selbstvertrauen der Lehrkräfte hat. Die Forscher schlugen vor, dass Lehrer zu einem möglichst frühen Zeitpunkt in ihrer Laufbahn eine berufliche Weiterbildung benötigen, um die Selbstwirksamkeit zu entwickeln, die für die Unterrichtung von Lernenden mit unterschiedlichen Voraussetzungen erforderlich ist (Jenkins & Ornelles, 2009).

Berufliche Entwicklung und Einstellungen von Lehrkräften im Vorbereitungsdienst

Die Schulung von angehenden Lehrkräften über verschiedene Arten von Behinderungen sowie die Vermittlung von Strategien, die sich bei bestimmten Behinderungsmerkmalen als wirksam erwiesen haben, kann zu einer positiven Veränderung der Einstellung zur Inklusion führen (Sze, 2009). Cook (2002) führte eine Studie durch, um die Einstellung von angehenden Lehrern zur Inklusion von Kindern mit Behinderungen, nicht speziell Autismus, zu untersuchen. Die Studenten der Studie nahmen an allgemeinbildenden Kursen teil, die typische Konzepte der Sonderpädagogik in den Inhalt einflossen. Die Wissenschaftlerin untersuchte die Auswirkungen der in den allgemeinbildenden Unterricht eingeflossenen sonderpädagogischen Konzepte auf die Einstellung der angehenden Lehrer. Ähnlich wie bei Scruggs und Mastropieri (1996) zeigten die Ergebnisse, dass die Einstellung von der vorliegenden Behinderung abhängt. Darüber hinaus gaben die Teilnehmer an, dass ihre vorbereitende Ausbildung nicht ausreicht, um sie auf den Unterricht von Schülern mit Behinderungen in ihren Klassen vorzubereiten.

Silverman (2007) ermittelte den Schulungsbedarf von angehenden Lehrern in Bezug auf Einstellungen und Überzeugungen. Die Ausbildung sollte die Zusammenarbeit zwischen Allgemein- und Sonderpädagogen und ihre jeweiligen Rollen, die Stärkung der erkenntnistheoretischen Überzeugungen und die Art und Weise, wie die Überzeugungen mit den

Bedürfnissen von Schülern mit Behinderungen in Verbindung gebracht werden, umfassen, was zu verbesserten Einstellungen und größerer Selbstwirksamkeit führt. Sims und Lorenzi (1992) schlagen ein Training vor, das soziale Überzeugung in Kombination mit Modellierung und stellvertretendem Lernen beinhaltet, um Selbstwirksamkeit zu entwickeln.

Eine Suche in den Datenbanken Education Research Complete, Academic Search Complete, ERIC, Professional Development Collection, PsycARTICLES, PsycBOOKS, Psychology and Behavioral Sciences Collection und PsycINFO unter Verwendung der Schlüsselwörter "Autismus", "berufliche Entwicklung" und "Einstellung" ergab nur einen Forschungsartikel und drei Dissertationen. Die weitere Untersuchung der Artikel und Dissertationen ergab nur wenige zusätzliche Arbeiten über die Einbeziehung von Schülern mit anderen Behinderungen und die Einstellung von Lehrern in der Ausbildung.

Leblanc, Richardson und Burns (2009) weisen darauf hin, dass ein Verständnis für die Besonderheiten von Autismus angesichts der von verschiedenen Einrichtungen gemeldeten Prävalenzraten von entscheidender Bedeutung ist. Lehrer, die mit Kindern mit Autismus arbeiten, müssen angemessen und ausreichend geschult sein (Jennett, Harris, & Mesibov, 2003). Leblanc et al. (2009) führten eine Studie durch, in der die Einstellung und der Wissensstand von angehenden Sekundarschullehrern vor und nach einer insgesamt dreistündigen und 20-minütigen Schulung über einen Zeitraum von zwei Monaten untersucht wurden. Die Schulung bestand aus zwei Teilen. Die erste Schulungseinheit konzentrierte sich auf die Merkmale von ASD, Kommunikationsstile und angewandte Verhaltensanalyse. Die zweite Schulungseinheit konzentrierte sich auf das Verhalten, die sozialen Fähigkeiten und die Ängste von Schülern mit ASD. Leblanc (2009) verwendete in dieser Studie das von Algonquin Child and Family Services' SSP-ASD entwickelte ASD Inventory. Das Instrument misst in erster Linie die Erlangung von Fachwissen im Zusammenhang mit ASD. Nur die ersten drei Fragen des Instruments messen die Einstellung zu Schülern mit Autismus. Die Ergebnisse zeigten, dass sich die Einstellungen und Wahrnehmungen der angehenden Sekundarschullehrer nach der Schulung deutlich verbessert haben. Auch das Fachwissen der angehenden Lehrer, definiert als Wissen über ASD, nahm nach der Schulung signifikant zu. Schließlich zeigten die Ergebnisse eine signifikante Zunahme der Kenntnisse der angehenden Lehrer über verhaltensorientierte Unterrichtsstrategien.

de Boer Ott (2005) untersuchte die Ausbildung von Lehrern und ihre Einstellung zur Eingliederung von Schülern mit Autismus in allgemeinbildende Klassen. Die Ergebnisse zeigten, dass die Lehrer Unterstützung in mehreren Bereichen benötigen, darunter Informationen über spezifische Störungen, Schulung für die Einstufung von Schülern, Eingliederung, Bewertung und

Unterstützung im Unterricht. Die Ergebnisse bestätigten die Notwendigkeit einer expliziten Schulung im Bereich Autismus für Lehrer, die sich in der Ausbildung befinden, sowie für Lehrer, die sich in der Ausbildung befinden.

Die berufliche Weiterbildung von Lehrern, die Schüler mit Autismus-Spektrum-Störungen unterrichten, wird in Texas weiter gefördert und sogar vorgeschrieben. Im Texas Administrative Code (§89.1055) werden 11 Strategien für den Unterricht von Schülern mit Autismus aufgeführt. Eine dieser Strategien ist die allgemeine und spezifische fachliche und pädagogische Unterstützung. Die allgemeine Ausbildung im Zusammenhang mit der Störung umfasst Techniken, Strategien und die Umsetzung des individuellen Bildungsplans (IEP). Die spezifische Ausbildung umfasst die Unterstützung und Ausbildung in Bezug auf einen bestimmten Schüler und dessen spezifische Bedürfnisse. Der Bundesstaat Texas hält sowohl allgemeine als auch schülerspezifische Schulungen für wichtig genug, um sie in die Vorschriften des Commissioner's Rules im Texas Administrative Code aufzunehmen. Eine weitere Strategie, die in den Vorschriften des Kommissars festgelegt ist, betrifft den Einsatz von Lehrstrategien, die auf Forschung beruhen und von Fachleuten überprüft wurden, soweit dies möglich ist. Diese Anforderung bezieht sich jedoch nicht speziell auf die berufliche Fortbildung; sie impliziert, dass die Lehrer darin geschult werden müssen, forschungsbasierte Techniken zuverlässig anzuwenden.

Schlussfolgerung

Kinder mit Autismus stellen eine besondere Herausforderung für den Lehrer der allgemeinen Bildung dar. Mangelndes Wissen kann Ängste vor der Ungewissheit hervorrufen und zu einem Mangel an Selbstvertrauen führen, um die für den Unterricht von Schülern mit besonderen Bedürfnissen erforderlichen Aufgaben zu erfüllen. Der Nationale Forschungsrat (2001) hat neun Komponenten für wirksame Programme für Schüler mit Autismus-Spektrum-Störungen identifiziert. Zu diesen Komponenten gehört auch geschultes Personal. Die Entwicklung eines Gefühls der Selbstwirksamkeit, das zu einer positiven Einstellung bei den Lehrern während ihrer vorbereitenden Ausbildung führt, ist von entscheidender Bedeutung, um ein Fundament für eine erfolgreiche Karriere zu legen. In der Literatur finden sich einige Beispiele für die Ausbildung von Lehrkräften im Vorbereitungsdienst, die von kurzen drei Stunden und 20 Minuten dauernden Fortbildungsveranstaltungen (Leblanc et al., 2009) bis hin zur Einbindung von sonderpädagogischen Themen in den allgemeinen Unterricht reichen (Cook, 2002). Jede Art von Fortbildung führte zu ähnlichen Ergebnissen, die auf die Notwendigkeit einer spezifischen Schulung zum Thema Störungen während der Vorbereitungszeit und die daraus resultierenden

Auswirkungen auf die Einstellung hinweisen. Diese Studie soll die Literatur ergänzen, indem sie die Einstellungen von angehenden Lehrkräften vor und nach einer gezielten Fortbildung zu den Merkmalen von Autismus-Spektrum-Störungen sowie zu Strategien für die Integration von Schülern mit ASD in den allgemeinen Unterricht untersucht.

Zu diesem Zweck wird eine zweistündige, 30-minütige Fortbildungsveranstaltung für angehende Lehrer angeboten, die sich mit den Merkmalen von Autismus-Spektrum-Störungen befasst und wirksame, forschungsbasierte Strategien zur Integration von Schülern mit Autismus gemäß dem Texas Administrative Code anwendet.

KAPITEL 3

Methoden

Bei der aktuellen Studie handelt es sich um ein experimentelles Design, mit dem die Einstellung von angehenden Lehrkräften zur Inklusion von Schülern mit Autismus in den allgemeinbildenden Unterricht nach einer gezielten Fortbildung zum Autismus-Spektrum untersucht werden soll. Es gibt zwar viel Forschung zu den Merkmalen von Autismus, der Einstellung von Lehrern und der Inklusion im Allgemeinen, aber es gibt eine Lücke in der vorhandenen Literatur, wenn man alle drei Aspekte zusammen betrachtet. Es gibt nur wenig Literatur über die Einstellung von Lehrern in der Ausbildung zur Inklusion von Schülern mit Autismus und über die Auswirkungen der beruflichen Weiterbildung auf ihre Einstellung. In Kapitel drei wird die Methodik beschrieben, die in dieser Studie über die Einstellung von angehenden Lehrern zur Inklusion von Kindern mit Autismus in einer allgemeinbildenden Schule angewandt wurde.

Die Forschungsfrage lautete: Verbessern sich die Gruppenmittelwerte der Einstellungen von angehenden Lehrkräften nach einer gezielten Fortbildung zum Thema Inklusion von Schülern mit Autismus?

Forschungsdesign

In dieser Studie wurde ein experimentelles Design verwendet, um zu untersuchen, wie sich die Einstellung von angehenden Lehrern, die an einer gezielten Fortbildung zum Thema Autismus teilgenommen haben, zur Integration von Schülern mit Autismus in den allgemeinen Unterricht verändert hat. Experimentelle Studien werden durchgeführt, wenn Personen auf der Grundlage einer zufälligen Zuweisung in Gruppen eingeteilt werden (Kirk, 1995). Die Teilnehmer wurden nach dem Zufallsprinzip zwei verschiedenen Gruppen zugeteilt: einer Versuchsgruppe, die eine spezifische, zielgerichtete Fortbildung erhielt, und einer Kontrollgruppe, die diese Behandlung nicht erhielt. Die abhängige Variable in dieser Studie war die Einstellung der Teilnehmer, wie sie im Teacher Attitude Toward Inclusion Survey (TATIS) angegeben wurde (Anhang A). Die unabhängige Variable war die Teilnahme bzw. Nichtteilnahme an einer spezifischen Fortbildung in Form einer zweistündigen 30-minütigen Schulung. Das TATIS-Instrument wurde zweimal vor der Fortbildung und zweimal nach der Fortbildung eingesetzt.

Teilnehmer

Bei den Teilnehmern handelte es sich um Studenten, die an einer kleinen Privatuniversität in Zentraltexas ein Pädagogikstudium mit einem Abschluss in Grundschul-, Sekundarschul- oder

Sonderpädagogik oder einem anderen Abschluss absolvierten. Insgesamt 65 angehende Lehrer erklärten sich bereit, an der Studie teilzunehmen. Darunter befanden sich 15 Studenten der Grundschulpädagogik, 11 der Sekundarschulpädagogik, 12 mit dem Hauptfach Sonderpädagogik oder interdisziplinäre Studien und 27 mit einem Hauptfach in anderen Fächern wie Sport, Musik oder Kunst. Der Studiengang Interdisziplinäre Studien ist ein Hauptfach, das die Studierenden sowohl für die Grundschulpädagogik als auch für die Sonderpädagogik qualifiziert. Darüber hinaus werden die Studierenden darauf vorbereitet, ihre Zertifikate um den Zusatz "Englisch als Zweitsprache" zu erweitern. Das Alter der Teilnehmer lag zwischen 20 und 45 Jahren, 80 % waren zwischen 20 und 25 Jahre alt. 75 % der Teilnehmer waren im Seniorenalter. Die restlichen 25% waren Junioren. Frauen machten 68 % der Stichprobenpopulation aus. Die restlichen 32 % entfielen auf Männer.

Alle Teilnehmer an dieser Studie hatten einen Kurs über Besonderheiten absolviert, der für alle Pädagogikstudenten obligatorisch ist. In diesem Kurs wurden die Absolventen mit den 13 Kategorien der Sonderschulfähigkeit in Texas vertraut gemacht, darunter auch Autismus-Spektrum-Störungen. Dies war der einzige Kurs, den die Studenten des Hauptfachs Allgemeinbildung belegten, der Material zur spezifischen Ausbildung in Fragen der Sonderpädagogik enthielt. Die Studenten, die diesen Kurs belegten, hatten also zumindest ein minimales Verständnis von Störungen, insbesondere von Autismus, und des Einflusses einer Störung auf die Verwaltung des allgemeinen Bildungssystems. Die Teilnehmer mit dem Hauptfach Sonderpädagogik hatten bis zu fünf Kurse für angehende Sonderpädagogen belegt. Es wurde davon ausgegangen, dass die Sonderpädagogen ein Verständnis für Inklusion sowie für Autismus-Spektrum-Störungen hatten.

Studenten der Sekundarstufe und Studenten, die andere Fächer wie Kunst, Sport und Musik studieren, belegen nur vier Kurse aus dem Fachbereich Bildung. Zu diesen Kursen gehören eine Einführung in die Pädagogik, der Kurs über Besonderheiten, ein Kurs über Klassenmanagement und ein Kurs über Lehrpläne. Alle anderen Kurse sind inhaltsspezifisch. Insgesamt nahmen 65 angehende Lehrer an dieser Studie teil. Von den 65 Teilnehmern waren 38 Studenten der Sekundarstufe oder anderer Fachrichtungen. 11 der 38 Teilnehmer waren Sekundarschullehrer, während 27 Teilnehmer andere Studiengänge für alle Schulstufen abschlossen.

Studierende der allgemeinen und der Sonderpädagogik, die den Kurs über Besonderheiten besucht hatten und im Frühjahr an der Universität in pädagogischen Kursen eingeschrieben waren 2012 wurden für die Teilnahme an der Studie ausgewählt. Die Professoren von zwei Allgemeinbildungskursen erklärten sich bereit, dem Forscher bestimmte Zeiten während des

Frühjahrssemesters zu gewähren, um in den Klassenraum zu kommen und den TATIS durchzuführen. Bei den ausgewählten Kursen handelte es sich um Abendkurse, die am Montag- und Mittwochabend stattfanden. Die Studenten der Sonderpädagogik waren nicht in den Abendkursen eingeschrieben, kamen aber unabhängig davon, um teilzunehmen. Der Forscher besuchte jeden Kurs während des vorgesehenen Zeitrahmens, um den TATIS durchzuführen und die berufliche Weiterbildung zu vermitteln. Während des ersten Besuchs bat der Forscher um Freiwillige für die Teilnahme an der Studie. Die Freiwilligen füllten eine Einverständniserklärung zur Teilnahme aus (Anhang B). Insgesamt drei Studierende entschieden sich gegen eine Teilnahme an der Studie. Diejenigen, die nicht an der Studie teilnahmen, begaben sich zu ihrem Professor in ein anderes Klassenzimmer, um wie gewohnt mit den kursbezogenen Aktivitäten fortzufahren. Neun Studierende beendeten nicht alle vier Durchgänge des TATIS. Die unvollständigen Daten wurden aus der Studie ausgeschlossen. Insgesamt 65 Teilnehmer beendeten alle vier Durchgänge des TATIS und wurden in die Datenanalyse einbezogen.

Instrumente

Cullen und Noto (2007) entwickelten zunächst die Attitudes of Pre-Service Teachers Toward Inclusion Scale (APTAIS), einen 14-teiligen Fragebogen vom Likert-Typ zur Messung der Einstellungen von Lehrkräften des allgemeinen Bildungswesens in Bezug auf die Inklusion von Schülern mit Behinderungen im allgemeinen Bildungswesen. Im Anschluss an die Entwicklung der APTAIS entwickelten Cullen, Gregory und Noto (2010) die Teacher Attitudes Toward Inclusion Scale (TATIS), um die Einstellung von Lehrkräften vor und während der Ausbildung zur Inklusion von Schülern mit leichten bis mittelschweren Behinderungen in der allgemeinen Schule zu messen. Die TATIS ist ein 14 Punkte umfassender Fragebogen vom Typ Likert . Die Teilnehmer beantworten die Aussagen auf einer Skala von 1 (stimme sehr stark zu) bis 7 (stimme sehr stark nicht zu). Die Konstruktvalidität wurde mit einer Hauptkomponentenanalyse bestätigt. Die TATIS-Items spiegeln die Schlüsselfaktoren wider, die in der Literatur für eine positive Einstellung einer Lehrkraft zur Inklusion genannt werden. Die Reliabilität des TATIS-Instruments wurde durch das Korrelationsverfahren von Chronbachs Alpha bestätigt und ergab einen Gesamtkorrelationskoeffizienten von .82.

Bei der Auswertung des TATIS werden für jede der drei Komponenten Rohwerte ermittelt. Die Rohwerte werden kombiniert, um einen Gesamtrohwert zu erhalten. Ein niedriger Rohwert im TATIS würde darauf hinweisen, dass die Lehrkraft eine positive Einstellung zur Inklusion von Kindern mit Behinderungen hat und integrationsfördernde Praktiken unterstützt.

Intervention

Wie in der Literatur beschrieben, kann die berufliche Weiterbildung viele Formen annehmen. Die in dieser Studie angebotene berufliche Weiterbildung wurde während der regulären Lehrveranstaltungen im Frühjahrssemester durchgeführt. Die Studierenden hatten die Möglichkeit, daran teilzunehmen oder sich dagegen zu entscheiden. Für die Studierenden, die sich für die Teilnahme entschieden, war es notwendig, diese Fortbildung von der normalen Kursarbeit abzugrenzen. Um dieses Ziel zu erreichen, wurden mehrere Faktoren eingesetzt. Der Forscher führte die Schulung durch. Der Forscher verfügte über frühere Erfahrungen sowohl als Regel- als auch als Sonderpädagoge und hatte als Autismus-Spezialist im Education Service Center, Region 12, gearbeitet. Aufgrund dieser Erfahrung verfügte die Forscherin/Moderatorin über ein umfangreiches Wissen zu diesem Thema, das möglicherweise über das Wissen hinausging, das normalerweise in einer typischen Vorlesung vermittelt wird. In Anbetracht der historischen Erfahrung des Forschers wurden in der Schulung Erfahrungen und Beispiele aus der Praxis verwendet. Die meisten Studenten in jeder Schulungssitzung kannten den Referenten/Forscher aufgrund ihres gewählten Studienfachs nicht. Der Referent/Forscher unterrichtet in erster Linie Sonderpädagogik, und die meisten Teilnehmer hatten andere Studienfächer als Sonderpädagogik.

Ein zusätzlicher Faktor, der dazu beitrug, dass sich diese Fortbildung von den typischen Aktivitäten im Klassenzimmer unterschied, war die Quelle des für die Fortbildung verwendeten Materials. Der Bundesstaat Texas ist in 20 Regionen unterteilt, von denen jede über ein Education Service Center (ESC) verfügt, das als Bindeglied zwischen der Texas Education Agency (TEA) und den lokalen Bildungsbehörden dient. Jedes Dienstleistungszentrum ist mit einem Berater für Sonderpädagogik besetzt, der als Autismus-Spezialist für die jeweilige Region fungiert. Die 20 Autismusspezialisten arbeiten in der Texas Statewide Leadership for Autism mit, um Dienstleistungen und Schulungen für den Bundesstaat Texas zu koordinieren und so den Schulungsbedarf zu rationalisieren und zu priorisieren. Die texanische Bildungsbehörde beauftragte die Texas Statewide Leadership for Autism mit der Entwicklung von Online-Schulungsmodulen, damit texanische Lehrer Zugang zu konsistenten, präzisen Informationen über die Merkmale von Autismus-Spektrum-Störungen und effektive Unterrichtsstrategien haben. Eines der Online-Module ist für Lehrer der allgemeinen Bildung bestimmt und wurde auch als Live-Präsentation entwickelt. Die Forscherin erhielt vom Direktor der Texas Statewide Leadership for Autism die Erlaubnis, die Live-Version des Moduls für diese Studie zu verwenden. Die Fortbildung mit dem Titel "Autism in the General Education Classroom" ist ursprünglich als sechsstündige Live-Präsentation konzipiert. Da die Universitätskurse, die in dieser Studie verwendet wurden, jeweils drei Stunden dauerten, änderte die Forscherin die Schulung. Das Ergebnis

Die Fortbildung bestand aus einer Präsentation von zwei Stunden und 30 Minuten. Den Teilnehmern wurde zunächst ein visueller Zeitplan vorgelegt, um die für viele Schüler mit Autismus erforderliche Strategie zu veranschaulichen. Die Teilnehmer kreuzten jeden Abschnitt der Fortbildung an, wenn er abgeschlossen war. Die Schulung begann mit einer Definition von Autismus-Spektrum-Störungen. Der Forscher beschrieb die aktuelle Hirnforschung in Bezug auf die möglichen Ursachen und Folgen für Personen, die von Autismus betroffen sind. Das Spektrum des Autismus wurde erörtert, einschließlich der Desintegrativen Störung in der Kindheit, des Rhett-Syndroms, des klassischen Autismus, des Asperger-Syndroms und der tiefgreifenden Entwicklungsstörung - nicht anderweitig spezifiziert. Die Frühindikatoren für Autismus wurden in der Schulung beschrieben. Autismus wurde als ein Dreiklang von Beeinträchtigungen beschrieben, die das Kind in seinem Verhalten, im sozialen Bereich und in der Kommunikation beeinträchtigen. Es wurden sensorische Probleme und ihre Auswirkungen auf das Verhalten von Schülern mit Autismus diskutiert. Im Anschluss an die Analyse der Merkmale von Autismus ging die Forscherin zu einer Diskussion über den Wert dieses Wissens für Lehrer der allgemeinen Bildung über. Die Merkmale des Autismus wie sensorische Beeinträchtigungen, Kommunikationsdefizite und Verhaltensauffälligkeiten wirken sich auf die Art und Weise aus, wie Lehrer ihren Unterricht gestalten können, und auf die akademischen Erwartungen an die Schüler. Die Lernunterschiede von Schülern mit Autismus wurden in die Schulung einbezogen, z. B. der Bedarf an visuellen Hilfen im Unterricht, bei Übergängen, Verfahren und Routinen. Die Schulung umfasste auch Strategien zur Entwicklung einer positiven Klassenkultur. Dieser Abschnitt konzentrierte sich auf die Vorbereitung des neu eintretenden Schülers mit Autismus, seiner Eltern durch ständigen Kontakt und der nicht behinderten Gleichaltrigen. Beispiele in Form von Videos, Bildern und Aktivitäten wurden während der gesamten Schulung verwendet. Ein allgemeines Format der Schulung ist in Tabelle 1 dargestellt. Eine vollständige Beschreibung der Schulung mit Aktivitäten, Videos und Beispielen ist in Anhang D zu finden.

Tabelle 1

Zeitplan für die berufliche Entwicklung

Thema	Inhalt
Autismus und allgemeine Bildung	Spektrum des Autismus Unterkategorien von

	Autismus Ursachen
	Statistik
	Diagnose vs. Förderungswürdigkeit
	Gemeinsame Frühindikatoren
	Trias der Beeinträchtigungen: Kommunikation, Soziales, eingeschränkte/ungewöhnliche Verhaltensweisen
	Einzigartige Lernunterschiede: Video eines Kindes mit Autismus
Willkommenskultur im Klassenzimmer	Positive und akzeptierende Einstellung
	Einbeziehung der Familie
	Informationen und ein Team zusammenstellen
	Schüler/Personen vorbereiten
	Lehrplanmäßige Verbindungen
	Sensorische Betrachtung
	Verstärkung/Motivation
	Erwarten Sie Erfolg
Die Bedeutung der Kommunikation	Charakteristik der Kommunikation
	Kommunikation führt zu einem Verhalten
	Sprache verwenden/vorbilden Was können Pädagogen tun?
Unterrichtsstrategien planen	Visuelle Strategien
	Universal Design for Instruction Struktur im Klassenzimmer Soziale Kompetenzen
	Peer-Modellierung

Verfahren

Es wurde eine Power-Analyse für ein Design mit wiederholten Messungen zwischen Probanden unter Verwendung von α = 0,05, Power von 0,80, Cohen's *f* von 0,3 Effektgröße und 0,5

Korrelation durchgeführt. Dem Forscher waren keine Test-Retest-Korrelationsmessungen des Instruments bekannt, obwohl eine gewisse Korrelation erwartet wurde. Daher wählte der Forscher eine moderate Korrelation für die Analyse der Stichprobengröße. Unter Verwendung dieser Parameter ergab die Power-Analyse eine Gesamtstichprobengröße von 58 Teilnehmern. Die Teilnehmer wurden aus zwei Kursen ausgewählt, die die Studenten in der Regel nach dem für diese Studie erforderlichen Kurs über außergewöhnliche Fähigkeiten belegen. Der Zeitplan für die Durchführung des TATIS und die berufliche Weiterbildung ist in Tabelle 2 dargestellt. Der Forscher besuchte den ersten Kurs eine Woche vor der Intervention. Die Forscherin besuchte den zweiten Kurs zwei Wochen vor der Intervention. Aus beiden Klassen wurden freiwillige Teilnehmer rekrutiert. Die Schüler, die sich zur Teilnahme entschlossen, füllten einen demografischen Fragebogen aus (Anhang C). Der Fragebogen fragte die Teilnehmer nach dem gewählten Studienfach, dem Alter, dem Schuljahr, dem Geschlecht, der Möglichkeit, mit Schülern mit Autismus und anderen Behinderungen zu arbeiten, und dem Kontakt mit Menschen mit Autismus und anderen Behinderungen. Die Studenten wurden dann gebeten, den TATIS auszufüllen. Der Forscher überprüfte die Anmeldeliste für jede Klasse. Ein Teilnehmer war in beiden Kursen dieser Studie eingeschrieben. Diesem Teilnehmer wurde weder der demografische Fragebogen noch der TATIS zweimal vorgelegt.

Tabelle 2

Verwaltung Zeitplan für TATIS und berufliche Entwicklung

6. und 8. Februar, 2012	13. und 22. Februar, 2012	Februar 29 & 5. März 2012	7. und 19. März 2012
Teilnehmer füllten Einverständniserklärung aus Teilnehmer füllten demografischen Fragebogen aus Teilnehmer füllten TATIS aus	Teilnehmer füllten TATIS aus Teilnehmer füllten nach dem Zufallsprinzip den Gruppen zugewiesen Die Versuchsgruppe erhielt berufliche Weiterbildung in einem separaten	Teilnehmer TATIS abgeschlossen	Teilnehmer TATIS abgeschlossen

	Klassenzimmer
	Die Kontrollgruppe setzte ihre normalen Aktivitäten im Klassenzimmer fort

Nach dem ersten Besuch wies der Forscher jeden Teilnehmer nach dem Zufallsprinzip einer der beiden Behandlungsgruppen zu. Zu diesem Zweck wurden alle demografischen Fragebögen eingesammelt. Die Fragebögen wurden nacheinander in drei Gruppen aufgeteilt. Der Forscher teilte dann die Fragebögen der dritten Gruppe nacheinander auf die erste und zweite Gruppe auf. Von den so entstandenen zwei Gruppen wurde eine nach dem Zufallsprinzip als Versuchsgruppe und die andere als Kontrollgruppe ausgewählt.

Der Forscher besuchte die erste Klasse eine Woche nach dem ersten Besuch. Der Forscher nahm zwei Wochen nach dem ersten Besuch teil. Alle Teilnehmer füllten den TATIS für eine zweite Messung aus. Die Versuchsgruppe blieb im Klassenzimmer, um an der gezielten Fortbildung teilzunehmen. Die Kontrollgruppe ging in ein anderes, ähnliches Klassenzimmer mit dem Kursleiter, woraufhin der Unterricht wie geplant fortgesetzt wurde. Alle Teilnehmer, sowohl die Versuchs- als auch die Kontrollgruppe, blieben für den gleichen Zeitraum in ihren jeweiligen Sitzungen. Studierende, die nicht an der Studie teilnehmen wollten, gingen mit dem Professor in ein anderes Klassenzimmer und setzten die regulären Aktivitäten fort. Den Teilnehmern der Versuchsgruppe wurde durch die Teilnahme an der Studie nicht der Zugang zum Lehrmaterial verwehrt. Die Professoren in den Kontrollgruppen führten Aktivitäten durch, bei denen es sich um eine Wiederholung des Lehrstoffs handelte und die keinen neuen Unterricht enthielten.

Die Teilnehmer der Versuchsgruppe erhielten eine spezielle Fortbildung, die vom Texas State Autism Network angeboten wurde. Diese Fortbildung wurde von der Texas Statewide Leadership for Autism entwickelt und von der Forscherin für die Studie modifiziert.

Drei Wochen nach Abschluss der Fortbildung besuchte die Forscherin die erste Klasse, die in dieser Studie verwendet wurde, um die dritte Durchführung des TATIS durchzuführen. Die zweite Klasse, die in dieser Studie verwendet wurde, führte den TATIS eine Woche nach der Fortbildung durch. Die Teilnehmer der Experimental- und der Kontrollgruppe wurden gebeten, die TATIS-Umfrage erneut auszufüllen, um die Einstellungen nach der Fortbildung zu messen. Die Schüler, die nicht an der Studie teilnahmen, blieben im Klassenzimmer, während die Umfrage ausgefüllt wurde. Das Ausfüllen des Fragebogens dauerte weniger als 10 Minuten.

Die Forscherin besuchte die erste Klasse, die in dieser Studie verwendet wurde, zwei Wochen später erneut, um die vierte und letzte Durchführung des TATIS durchzuführen. Die zweite Klasse nahm eine Woche nach der dritten Verabreichung an der vierten und letzten Verabreichung des TATIS teil (Tabelle 2).

Datenanalyse

Der TATIS wurde viermal durchgeführt, zweimal vor und zweimal nach der Fortbildung. Die Annahmen der Normalität, Homogenität der Varianz und Sphärizität wurden überprüft. Es wurde eine zweifaktorielle ANOVA mit wiederholten Messungen durchgeführt, wobei die Fortbildung als unabhängige Variable und die mittleren Gruppenwerte, die sich in der TATIS widerspiegeln, als abhängige Variable dienten. Interaktionen innerhalb und zwischen den Gruppen wurden ebenso untersucht wie Messungen der Effektgröße unter Verwendung des verallgemeinerten Eta-Quadrats. Das verallgemeinerte Eta-Quadrat wurde von Bakeman (2005) als geeignetes Maß für die Effektgröße bei der Durchführung von Studien mit wiederholten Messungen beschrieben. Das verallgemeinerte Eta-Quadrat berücksichtigt die Varianz innerhalb der Probanden und zwischen den Probanden im Nenner. Es wurden auch bestimmte Verabreichungen untersucht, insbesondere die erste und dritte Verabreichung des TATIS. Die Mittelwerte der beiden Behandlungsgruppen wurden bei der ersten Durchführung des TATIS vor der Intervention verglichen. Da die dritte Verabreichung die Einstellungen der Teilnehmer in der Versuchsgruppe unmittelbar nach der Intervention repräsentierte, wurde ein *t-Test* für unabhängige Mittelwerte durchgeführt, um festzustellen, ob ein signifikanter Wert in der Varianz bei der dritten Verabreichung des TATIS-Instruments zu verzeichnen ist. Cohen's *d* wurde als Maß für die Effektgröße verwendet.

KAPITEL 4

Ergebnisse

Ziel dieser Studie war es, festzustellen, ob eine gezielte berufliche Weiterbildung eine Veränderung der Einstellungen von angehenden Lehrern an einer kleinen privaten Universität bewirken würde.

Teilnehmer

Die Teilnehmer wurden aus zwei pädagogischen Kursen rekrutiert, die im Frühjahrssemester angeboten wurden. Zusätzlich wurden Teilnehmer aus einem Kurs für Studenten der Sonderpädagogik in die Studie einbezogen. Insgesamt 65 angehende Lehrkräfte nahmen an allen vier Durchgängen des TATIS teil, mit dem die Einstellung zur Inklusion von Kindern mit Autismus in einer allgemeinbildenden Schule gemessen wird. Die Verteilung der Studienfächer der Teilnehmer nach Behandlungsgruppen ist in den Tabellen 3 und 4 dargestellt. Die Studenten der Gruppe "Elementary Education" erwerben eine Zulassung für den Unterricht in der frühen Kindheit bis zur sechsten Klasse. Die Mitglieder der Gruppe "Secondary Education" erwerben entweder die Zulassung für die Klassen 4-8 oder für einen bestimmten Inhaltsbereich und werden in den Klassen 8-12 unterrichten. Die Teilnehmer der Gruppe "Sonderpädagogik/Interdisziplinär" studieren entweder alle Stufen der Sonderpädagogik oder absolvieren ein Doppelstudium in Grundschulpädagogik und Sonderpädagogik. Die Gruppe "Sonstige" umfasst Studierende mit den Hauptfächern Sport-, Kunst- oder Musikunterricht. Die Mehrheit der Teilnehmer in dieser Gruppe hat eine Zulassung für alle Stufen des Sportunterrichts und möchte auch Leichtathletiklehrer werden. In dieser Gruppe waren doppelt so viele Teilnehmer wie in jeder anderen Gruppe. Die hohe Beteiligung aus dem Fachbereich Sport und Sportwissenschaft könnte zu den Ergebnissen dieser Studie beigetragen haben und würde weitere Untersuchungen rechtfertigen.

Tabelle 3

Hauptfach des Teilnehmers

Major	Anzahl der Teilnehmer
Grundschulbildung	15
Sekundarschulbildung	11
Sonderpädagogik/Interdisziplinär	12
Andere	27

Tabelle 4

Hauptteilnehmer innerhalb der Behandlungsgruppe

Behandlung Gruppe	Major	Anzahl der Teilnehmer
Experimentelle	Grundschulbildung	7
	Sekundarschulbildung	6
	Besonderes Bildung/Interdisziplinär	7
	Andere	17
Kontrolle	Grundschulbildung	8
	Sekundarschulbildung	5
	Besonderes Bildung/Interdisziplinär	5
	Andere	13

Die Tabellen 5 und 6 enthalten deskriptive Statistiken zum Alter der Teilnehmer.

75 % der Teilnehmer waren Studenten, die sich in der Ausbildung befinden. Die restlichen 25 % waren Junioren.

Tabelle 5

Alter der Teilnehmer

Alter der Teilnehmer				
Altersspanne	Minimum	Maximum	Mittlere	Standard Abweichung
20-48	20	48	24.71	7.25

Tabelle 6

Altersverteilung der Teilnehmer

	Teilnehmer Alter Vertrieb	
Altersspanne	Frequenz	Prozentsatz
20-25	52	80.0
26-30	4	6.2
30+	9	13.8

Die Teilnehmer wurden gebeten, ihre Erfahrungen in der Arbeit mit behinderten Schülern und Studenten sowie ihren Umgang mit behinderten Schülern anzugeben. Bei jeder Frage wurden die Teilnehmer gebeten, ihre Antworten auf einer vierstufigen Skala einzuordnen, wobei Null für keine Erfahrung/Belastung, Eins für minimale Erfahrung/Belastung, Zwei für häufige Erfahrung/Belastung und Drei für umfangreiche Erfahrung/Belastung stand. Die Ergebnisse sind in den Tabellen 7 und 8 dargestellt.

Tabelle 7

Erfahrung in der Arbeit mit Studenten mit Behinderungen

Erfahrung in der Arbeit mit Studenten mit Behinderungen		
	Frequenz	Prozentsatz
Keine	14	21.5
Minimal	37	56.9
Häufig	12	18.5

Tabelle 8

Umgang mit Schülern mit Behinderungen

Umgang mit Schülern mit Behinderungen

Kategorien	Frequenz	Prozentsatz
Keine	4	6.2
Minimal	34	52.3
Häufig	23	35.4
Umfassend	4	6.2

Die Forschungsfrage in dieser Studie lautete: "Verbessern sich die Gruppenmittelwerte der Einstellungen von angehenden Lehrkräften nach einer gezielten beruflichen Weiterbildung zum Thema Inklusion von Schülern mit Autismus? Um die Einstellung von angehenden Lehrkräften zur Inklusion von Schülern mit Autismus im allgemeinen Unterricht zu ermitteln, beantworteten die Teilnehmer den TATIS, eine Umfrage zur Einstellung zur Inklusion, zu vier aufeinander folgenden Zeitpunkten. Jede Durchführung des Instruments wird durch eine Nummer nach dem Titel des Instruments angegeben. Zum Beispiel wird die erste Durchführung als TATIS1 bezeichnet. Die zweite Durchführung wird als TATIS2 bezeichnet. Das gleiche Muster gilt für die dritte und vierte Anwendung.

Annahmen

Vor Abschluss der Datenanalyse wurden Normalitätstests durchgeführt, um sicherzustellen, dass die Normalitätsannahme erfüllt ist. Die deskriptiven Daten zur Normalität sind in Tabelle 9 dargestellt. TATIS1 und TATIS3 waren bei den Tests auf Schiefe nicht signifikant. TATAS2 und TATIS4 waren etwas negativ verzerrt. Alle Verwaltungen des TATIS waren in Bezug auf die Kurtosis normal verteilt. Die Untersuchung des Q-Q-Diagramms in den Abbildungen 1-4 veranschaulicht visuell die Normalität, die bei jeder TATIS-Verwaltung offensichtlich ist.

Tabelle 9

Normalität der Daten

Verwaltung	N Statistik	Mittlere Statistik	Std Dev Statistik	Schrägheit Statistik	Std Fehler	Kurtosis Statistik	Std Fehler
TATIS1	65	43.65	8.48	-.566	.297	-.490	.586
TATIS2	65	43.57	8.31	-.702	.297	-.240	.586
TATIS3	65	41.68	10.04	-.581	.297	-.114	.586
TATIS4	65	41.97	11.39	-.708	.297	.023	586

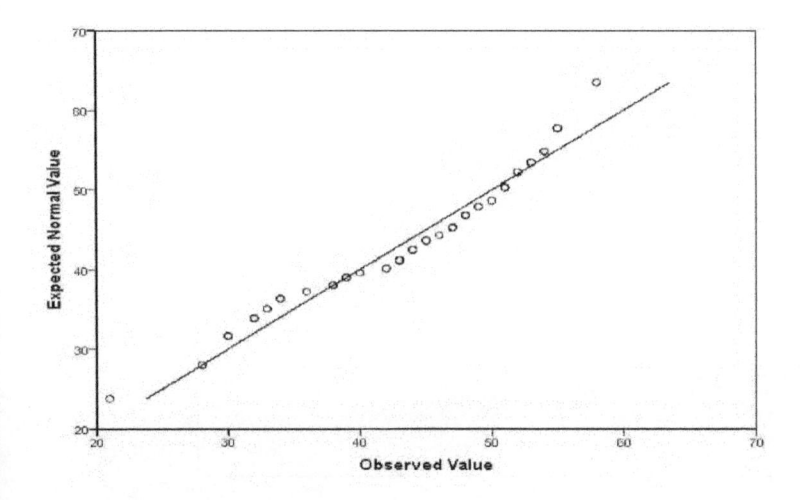

Abbildung 1 Q-Q-Plot TATIS1

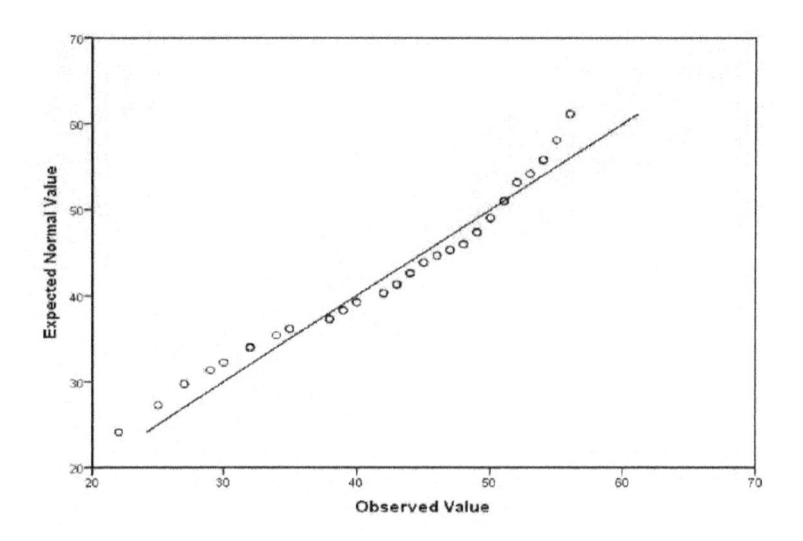

Abbildung 2 Q-Q-Plot TATIS2

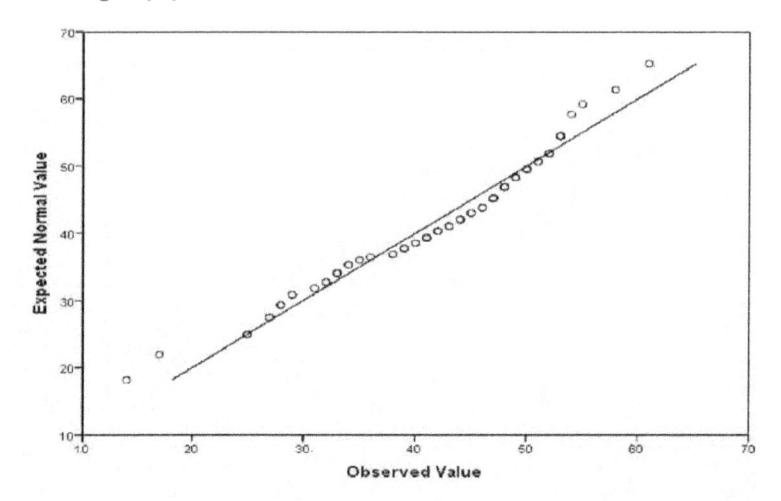

Abbildung 3 Q-Q-Plot TATIS3

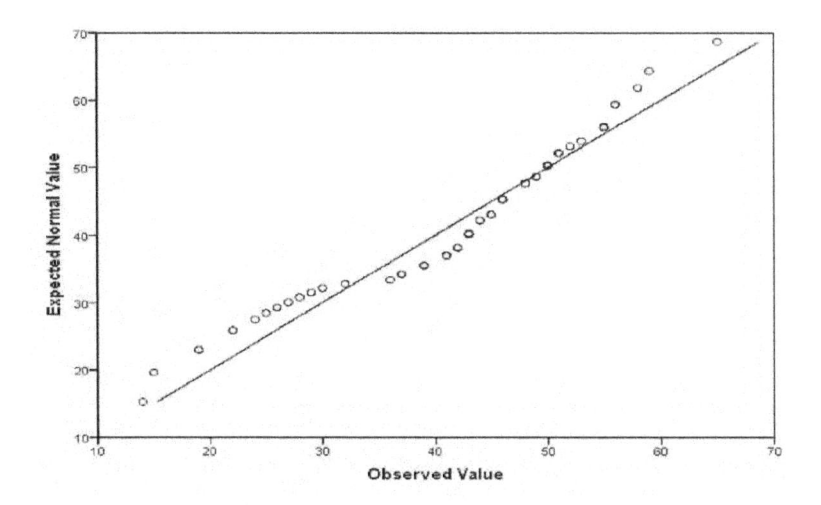

Abbildung 4 Q-Q-Plot TATIS4

Der Kolmogorov-Smirnov-Test wurde mit SPSS (*vs.* 19) durchgeführt. Die Werte des TATIS1, $D(34) = .093, p > .05$; TATIS2, $D(34) = .20, p > .05$; und TATIS3, $D(34) = .20, p > .05$, waren jeweils nicht signifikant, was darauf hindeutet, dass die Stichprobe wahrscheinlich normal ist (Field, 2009). Die Werte des TATIS4, $D(34) = .042, p < .05$, waren leicht signifikant (Tabelle 10).

Tabelle 10

Kolmogorov-Smirnov-Test auf Normalität

Verwaltung der Instrumente	Kolmogorow-Smirnow		
	Statistik	DF	Sig.
TATIS1	.139	34	.093
TATIS2	.124	34	.200
TATIS3	.104	34	.200
TATIS4	.153	34	.042

Die Homogenität der Varianz wurde mithilfe des Levene-Tests geprüft. Für die Ergebnisse des TATIS-Instruments waren die Varianzen bei allen Durchführungen gleich (Tabelle 11).

Tabelle 11

Levene's Test auf Homogenität der Varianz

	F	df1	df2	Sig.
TATIS1	.068	3	61	.977
TATIS2	.070	3	61	.976
TATIS3	.043	3	61	.988
TATIS4	.586	3	61	.627

Die Homogenität der Sphärizität wurde mit Hilfe des Mauchly-Tests geprüft. Sphärizität setzt voraus, dass die Varianzen der Unterschiede zwischen den Behandlungsgruppen gleich sind. Der Mauchley-Test zeigte an, dass die Annahmen der Sphärizität verletzt wurden $\chi^{(2)}(5) = 32,12, p <$ .05, was auf signifikante Unterschiede zwischen den Varianzunterschieden zwischen den Gruppen hinweist, was zu unzuverlässigen *F-Quoten* führt (Tabelle 12). Um die Verletzung der Sphärizität zu korrigieren, muss eine Korrektur der Freiheitsgrade vorgenommen werden. Eine konservative Korrektur kann mit der Greenhouse-Geisser-Korrektur vorgenommen werden. Greenhouse-Geisser-Korrekturen für die Freiheitsgrade werden verwendet, wenn die Schätzungen größer als .75 sind.

Tabelle 12

Mauchly's Test auf Sphärizität

Unter Wirkung der Subjekte	Mauchly's W	Ungefähr. Chi-Quadrat	df	Sig.	Epsilon Gewächshaus-Unter-Guisser Gebunden	Huynh-Feldt
	.631	27.453	5	.000	.779	.852 .333

Der Einfluss der beruflichen Entwicklung auf die Einstellung der Teilnehmer

Nach der Überprüfung der Annahmen wurden die Ergebnisse ausgewertet. Auf der Skala für jedes Item des TATIS müssen die Teilnehmer eine 1 angeben, wenn sie der Aussage sehr stark zustimmen und eine 7, wenn sie der Aussage sehr stark nicht zustimmen. Niedrige Rohwerte deuten auf eine positivere Einstellung zur Integration hin. Die Rohwerte reichen von 32 bis 68. Die Rohwerte für jede Gruppe sind in Tabelle 13 aufgeführt.

Tabelle 13

Vergleich der Mittelwerte und der SD über die Verwaltungen des TATIS-Instruments hinweg.

Behandlungsgruppe	TATIS1	TATIS2	TATIS3	TATIS4
1 Mittelwert	43.71	44.06	40.59	41.29
N	34.00	34.00	34.00	34.00
SD	7.54	7.64	10.38	11.04
2 Mittelwert	43.58	43.03	42.87	42.71
N	31.00	31.00	31.00	31.00
SD	9.53	9.09	9.69	11.90

Der Rohmittelwert von TATIS1 für die Experimentalgruppe lag bei 43,71 und für die Kontrollgruppe bei 43,58 (Tabelle 12). Ein Wert von 43 liegt im 88. Perzentil der TATIS-Normierungsstichprobe, was bedeutet, dass alle Teilnehmer der Studie vor der Fortbildung eine positive Einstellung zur Inklusion hatten. Nach der Fortbildung sank der Rohwert der Versuchsgruppe auf 40,59 (97. Perzentil), was eine Verbesserung der Einstellung bedeutet.

Es wurde ein zweifaktorielles Design mit wiederholten Messungen durchgeführt, um die Auswirkung der höheren Durchschnittswerte der Versuchsgruppe als Ergebnis der Teilnahme an der beruflichen Weiterbildung zu bestimmen. Die Mittelwerte der beiden Behandlungsgruppen bei jeder Verabreichung sind in Abbildung 5 visuell dargestellt. Reihe 1 steht für die Versuchsgruppe. Reihe 2 steht für die Kontrollgruppe. Die einseitige ANOVA innerhalb der Probanden ergab keinen signifikanten Unterschied innerhalb der Stichprobe über die vier Durchführungen des TATIS, $F(2.26, 142.26) = 1.50, p > .05$, *verallgemeinerte η^2*=.01, was auf eine geringe Effektgröße hinweist. (Tabelle 14) Die Intervention ist nur für einen kleinen Teil der in den Ergebnissen festgestellten Varianz verantwortlich. Diese Varianz kann jedoch das Ergebnis des Standardfehlers innerhalb des Instruments sein. Die Ergebnisse zeigen einen nicht-signifikanten Effekt zwischen den Probanden $F(1,63) = .087, p > .05$ (Tabelle 15).

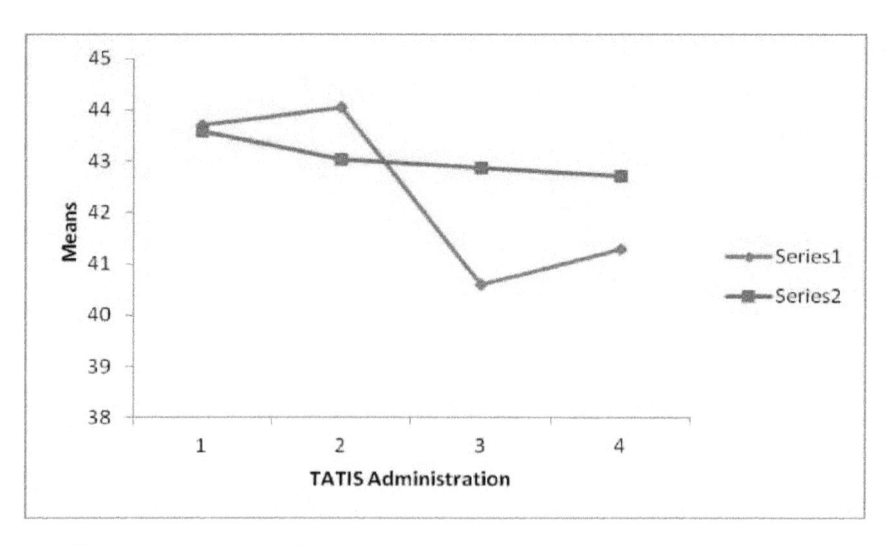

Abbildung 5 Geschätzte marginale Mittelwerte der TATIS-Verwaltung

Tabelle 14

Tests von Effekten innerhalb eines Subjekts

Sitzungen*Gruppen	Typ III Quadratsummen	df	Mittlere Quadratisch	F	Sig.
Gewächshaus-Geisser	108.044	2.261	47.779	1.496	.226

Fehler					
Gewächshaus-Geisser	4549.472	142.463	31.934		

Tabelle 15

Tests von Effekten zwischen den Versuchspersonen

Quelle	Typ III Summen von Quadrate	df	Mittlere Platz	F	Sig.
Abfangen	118428.049	1	118428.049	1562.903	.000

| Gruppe | 6.572 | 1 | 6.572 | .087 | .769 |
| Fehler | 4773.788 | 63 | 75.774 | | |

Die Untersuchung der ersten und dritten Durchführung des TATIS zeigt Unterschiede in den Mittelwerten der Behandlungsgruppen. Die Daten zeigen, dass die Mittelwerte der Versuchs- (M = 43,71) und der Kontrollgruppe (M = 43,58) bei der ersten Anwendung des TATIS gleich hoch waren. Nach der Fortbildung blieben die Werte der Kontrollgruppe konstant (M = 42,87), während die Experimentalgruppe (M = 40,49) eine deutliche Verbesserung ihrer Einstellung zeigte. Die Unterschiede in den Mittelwerten deuten darauf hin, dass die Fortbildung der Experimentalgruppe die Einstellung der angehenden Lehrkräfte zur Integration von Schülern mit Autismus in den allgemeinen Unterricht beeinflusst hat.

Die dritte Anwendung des Instruments stellt den Zeitpunkt direkt nach der Fortbildung dar. Es wurde ein *t-Test* für unabhängige Mittelwerte durchgeführt, um die Mittelwerte zwischen der Behandlungs- und der Kontrollgruppe zu vergleichen. Die Ergebnisse zeigten, dass es keinen statistisch signifikanten Unterschied zwischen der Versuchsgruppe ($n = 34$, $M = 40,59$, $SD = 10,38$) und der Kontrollgruppe ($n = 31$, $M = 42,87$, $SD = 9,69$) gab, $t(-.914)$, $p > .05$. Die Ergebnisse deuten jedoch auf eine Zunahme der positiven Einstellungen nach der beruflichen Weiterbildung hin. Die Forscherin erwartete, dass sich die positive Einstellung zur Integration von Schülern mit Autismus in die allgemeine Schule als Ergebnis der Fortbildung verbessern würde.

Die Berücksichtigung der Studienfächer der Teilnehmer war nicht Teil der Forschungsfrage; dennoch wurden Daten im Rahmen des demografischen Fragebogens erhoben. Die Verteilung unter den Studienfächern war relativ gleichmäßig, mit Ausnahme der "All-Level"-Studienfächer, bestehend aus Sport, Musik und Kunst. In dieser Gruppe gab es doppelt so viele Teilnehmer wie in jeder anderen Gruppe. Eine ANOVA mit wiederholten Messungen wurde berechnet, um zu untersuchen, ob das Hauptfach eines Schülers seine Einstellung zur Inklusion von Schülern mit Autismus beeinflusste. Es zeigte sich ein signifikanter Effekt, wenn man die Hauptfächer der Teilnehmer über die Zeit betrachtet, $F(7.01, 142.53) = 2.20$, $p < .05$, *partial* $\eta^2 = .098$, was eine große Effektgröße darstellt. Eine große Effektgröße weist darauf hin, dass ein Großteil der Varianz auf die Intervention und nicht auf Fehler zurückzuführen ist. Ein bereinigter Bonferroni-Post-hoc-Vergleich wurde durchgeführt, um die Varianz zwischen den Hauptfächern Sekundarstufe und Sonderpädagogik/Interdisziplinär zu berücksichtigen. Bonferroni-Vergleiche gelten als konservativ und kontrollieren den Fehler vom Typ I. Der Post-Hoc-Test ergab signifikante Unterschiede ($p < .05$) zwischen den Hauptfächern Sekundarstufe ($M = 48,36$, $SD = 9,15$) und den Hauptfächern Sonderpädagogik/Interdisziplinär ($M = 35,08$, $SD = 9,27$).

KAPITEL 5

Diskussion

In dieser Studie sollte festgestellt werden, ob eine zweistündige und 30-minütige gezielte Fortbildung die Einstellung von angehenden Lehrern gegenüber der Integration von Schülern mit Autismus in den allgemeinen Unterricht beeinflusst. Die Literatur weist darauf hin, dass die Einstellung eines Lehrers Auswirkungen auf die Art und Weise hat, wie er das Lernen gestaltet, und auf den Erfolg, den die Schüler beim Lernen haben. Es gibt einige Forschungsergebnisse, die darauf hinweisen, dass die berufliche Weiterbildung ein wertvolles Instrument ist, um die Einstellung der Lehrer zu ändern. Sze (2009) vertrat die Ansicht, dass die Schulung von Lehrern vor der Ausbildung über spezifische Behinderungen notwendig ist, um eine positive Einstellung zur Inklusion zu erreichen. Folglich wurde in dieser Studie die von der Texas Statewide Leadership for Autism entwickelte Fortbildung genutzt, um eine einheitliche Schulung über Autismus-Spektrum-Störungen im ganzen Bundesstaat zu ermöglichen. Die Schulung wurde ursprünglich als Online-Modul entwickelt. Die Teilnehmer konnten über das Education Service Center Region XIII auf die Fortbildung zugreifen und die Reihe der Module in ihrem eigenen Tempo absolvieren. Mehrere Lehrer in der Region gaben an, dass sie eine Live-Schulung vorziehen würden. Daraufhin wurde die Schulung umgestaltet und umfasst nun eine sechsstündige Live-Präsentation. Da für die aktuelle Studie keine sechsstündige Schulung zur Verfügung stand, wurde die Live-Schulung in eine zweistündige und 30-minütige Schulung umgewandelt, die die wichtigsten Komponenten der Live-Präsentation enthielt. In der zweistündigen und 30-minütigen Version wurden die Teilnehmer zu den Merkmalen von Autismus-Spektrum-Störungen, Kommunikation, Verhalten und sensorischen Problemen geschult, wobei direkte Anweisungen, kooperative Strategien, Videos und Diskussionen eingesetzt wurden. Eingebettet in jedes Thema waren Klassenraummanagement und Unterrichtsstrategien, die sich in der Forschung als wirksam für die Unterrichtung von Schülern mit Autismus erwiesen haben.

Die Ergebnisse der Studie zeigen, dass sich durch eine zweistündige, 30-minütige Fortbildung die Durchschnittswerte der angehenden Lehrkräfte in der Versuchsgruppe leicht verändert haben, während die Durchschnittswerte der Kontrollgruppe konstant blieben. Der Zeitaufwand für die Fortbildung in dieser Studie entspricht dem Zeitaufwand, der im Allgemeinen für das Studium von Autismus-Spektrum-Störungen in einer Klasse für außergewöhnliche Leistungen als Teil des Lehrplans für angehende Lehrer vorgesehen ist. Obwohl eine geringfügige Veränderung der

Durchschnittswerte der Versuchsgruppe festgestellt wurde, unterstützt diese Studie die Arbeit von Jennett, Harris und Mesibov (2003), die auf die Notwendigkeit einer angemessenen und ausreichenden Ausbildung in den Bereichen Autismus und andere Entwicklungsstörungen hinweist. Weitere Forschungen von Cook (2002) werden unterstützt, die darauf hinweisen, dass das derzeitige Programm für angehende Lehrkräfte nicht ausreicht, um signifikante Veränderungen in der Einstellung der angehenden Lehrkräfte zur Inklusion zu bewirken.

Frühere Untersuchungen haben gezeigt, dass die Einstellung von Lehrern ein guter Prädiktor für das Verhalten sein kann (Fazio & Zanna, 1978). Verhaltensweisen wie die Unterbringung von Schülern mit Behinderungen (Agbenyega, 2007), Inklusionspraktiken (Ross-Hill, 2009) und die Umsetzung bewährter Praktiken (McGregor & Campbell, 2001) werden direkt von der Einstellung beeinflusst, was die Notwendigkeit rechtfertigt, Möglichkeiten zu schaffen, um die Einstellung von Lehrern im Vorbereitungsdienst positiv zu beeinflussen.

Die Ergebnisse zeigten jedoch, dass der Studienschwerpunkt der Teilnehmer einen erheblichen Einfluss auf ihre Einstellungen und die daraus resultierenden Auswirkungen der beruflichen Entwicklung hatte. Der größte Unterschied in den Einstellungen wurde zwischen den Hauptfächern der Sekundarstufe und den Hauptfächern der Sonderpädagogik/Interdisziplinarität festgestellt. Darüber hinaus wiesen mit Ausnahme der ersten Durchführung des TATIS die Studiengänge der Sekundarstufe die höchsten Rohwerte im Vergleich zu allen anderen Studiengängen auf. Ein hoher Rohwert deutet auf eine schlechte Einstellung zur Inklusion und auf eine Vorliebe für traditionellere, ausgrenzende Einrichtungen für Schüler mit Autismus hin. Die Werte für die Sekundarstufe stiegen auch nach der Teilnahme an der beruflichen Weiterbildung kontinuierlich an. Dies deutet darauf hin, dass die Einstellung zur Einbeziehung von Schülern mit Autismus in den allgemeinen Unterricht am schlechtesten ist. Darüber hinaus deutet der Unterschied zwischen den Ergebnissen von Sekundarstufenlehrern und Sonderpädagogen darauf hin, dass angehende Lehrer, die eine umfassende Ausbildung im Unterrichten von Kindern mit Behinderungen absolviert haben, mit größerer Wahrscheinlichkeit eine positivere Einstellung zur Inklusion haben.

Wie bei der Durchsicht der Literatur festgestellt wurde, sind Schüler mit besonderen Bedürfnissen in der Sekundarstufe aufgrund der im No Child Left Behind Act festgelegten Anforderung "hochqualifiziert" oft in ein engeres Umfeld gezwungen. Die Schüler, deren Funktionsniveau hoch genug ist, um den Zugang zum allgemeinen Unterricht zu ermöglichen, werden häufig von einer paraprofessionellen Person begleitet, die häufig die Rolle des primären Erziehers für die Schüler mit Behinderungen im allgemeinen Unterricht übernimmt. Die Hilfskraft befindet sich oft in unmittelbarer Nähe der Schüler mit besonderen Bedürfnissen. Die gängige Praxis sieht vor, dass die Lehrkraft für allgemeine Bildung den Anfangsunterricht für die gesamte Klasse erteilt, gefolgt von der Hilfskraft, die dem Schüler den Stoff zur weiteren Erläuterung und Unterweisung erneut beibringen kann. In einigen Fällen unterrichtet die Sonderschullehrkraft gemeinsam mit der Lehrkraft für allgemeine Bildung in der Klasse für allgemeine Bildung. In jedem Fall scheint die Verantwortung für den Schüler nicht mehr bei der Lehrkraft des allgemeinbildenden Gymnasiums zu liegen. Aufgrund der begrenzten Personalressourcen müssen die Hilfskräfte und die Sonderschullehrer ihre Zeit auf alle allgemeinbildenden Klassen aufteilen. Dies führt dazu, dass die Schüler in den allgemeinbildenden Klassen möglicherweise nicht die notwendige Unterstützung erhalten, wenn sie sie brauchen. Dies führt dazu, dass der Schüler mit sonderpädagogischem Förderbedarf ohne Unterstützung von außen in der allgemeinen Schule verbleibt und die Verantwortung wieder auf die Lehrkraft der allgemeinen Schule abgewälzt wird, die, wenn überhaupt, nur eine minimale Ausbildung in der Erziehung von Schülern mit sonderpädagogischem Förderbedarf erhalten hat.

Die Gruppe der Teilnehmer, die von der ersten bis zur dritten Befragung die größte Veränderung ihrer Einstellung zeigte, waren die Grundschulstudenten. Diese Gruppe wies eine mittlere bis große Effektgröße auf ($d = 0{,}67$). Das Video und die Bilder in der Fortbildung zeigten kleine Kinder und Klassenzimmer, die typisch für den Grundschulbereich sind. Es ist möglich, dass die Grundschulstudenten mit den visuellen Darstellungen in der Fortbildung vertrauter waren und sich vorstellen konnten, die vorgeschlagenen Praktiken selbst anzuwenden. Im Gegensatz dazu stellten die Videos und Bilder nicht visuell dar, wie ein typisches Klassenzimmer im Sekundarbereich aussehen könnte, und stellten daher keine persönliche Verbindung zu den an dieser Studie teilnehmenden Studierenden des Sekundarbereichs her.

Bei den Studenten der Fachrichtung Sonderpädagogik/interdisziplinäre Fächer zeigte sich nach der Fortbildung keine signifikante Veränderung der Einstellung. Allerdings lag diese Gruppe vor der Intervention im 98er Perzentil und stieg nach der Intervention auf das 99er Perzentil. Man könnte vermuten, dass die Sonderpädagogikstudenten in dieser Studie schon vorher eine Einstellung zu integrativen Praktiken hatten und die Intervention ihre Überzeugungen weiter gefestigt hat. Darüber hinaus hatten diese Teilnehmer bereits eine umfassende Ausbildung in der Betreuung von Schülern mit besonderen Bedürfnissen absolviert, was darauf hindeutet, dass zur Verbesserung der Einstellung aller Lehrer zusätzlich zu dem einzigen Kurs über Besonderheiten möglicherweise weitere Kurse während der gesamten vorbereitenden Ausbildung angeboten werden müssen.

Auswirkungen

Wie in Kapitel 3 festgestellt wurde, nehmen Sekundarschullehrer und Lehrer aller Schulstufen nur an vier Lehrveranstaltungen teil. In Anbetracht des begrenzten Kontakts mit pädagogischen Grundsätzen und Schülern mit besonderen Bedürfnissen ist es nicht überraschend, dass Lehrkräfte der Sekundarstufe Allgemeinbildung eine schlechtere Einstellung zur Inklusion von Schülern mit Autismus und Entwicklungsstörungen haben. In Anbetracht der anhaltenden Verschlechterung der Einstellung, die in dieser Studie festgestellt wurde, könnte man vermuten, dass die Informationen, die während einer kurzen Fortbildung vermittelt wurden, die Einstellung der Hauptfachlehrer für Allgemeinbildung weiter gefestigt haben könnten, da sie wissen, dass die Unterstützung durch ihr Sonderschulpersonal begrenzt ist und die Bedürfnisse der Schüler so groß sind. Da die meisten allgemeinbildenden Lehrpläne für die Sekundarstufe auf inhaltsspezifische Themen ausgerichtet sind, könnte es notwendig sein, den Umfang der sonderpädagogischen Ausbildung, die dieser Bevölkerungsgruppe in ihren Vorbereitungskursen angeboten wird, zu erhöhen. Die von Leblanc (2009) durchgeführte Untersuchung umfasste eine dreistündige und 20-minütige Schulung für angehende Sekundarschullehrer und zeigte signifikante Ergebnisse hinsichtlich der Einstellungen. In Leblancs Studie erstreckte sich die Schulung jedoch über zwei Monate und zwei Schulungssitzungen. Es könnte notwendig sein, eine ähnliche Schulung über einen längeren Zeitraum anzubieten, um die Einstellung der angehenden Sekundarschullehrer zu beeinflussen.

Die Auswirkungen dieser Studie auf die Lehramtsstudiengänge sind erheblich. Die Studiengänge für die Sekundarstufe und andere allgemeinbildende Fächer sind inhaltsorientiert. Die Bestimmungen des IDEA verlangen jedoch, dass Schüler mit Behinderungen in ihren allgemeinbildenden Klassenzimmern unterrichtet werden. Die Hochschulen müssen möglicherweise prüfen, inwieweit die Absolventen der Sekundarstufe und aller Stufen pädagogische Kurse und solche, die sich auf Schüler mit Behinderungen konzentrieren, besuchen. Die Literatur ist eindeutig, was den direkten Zusammenhang zwischen Einstellungen und daraus resultierenden Verhaltensweisen betrifft. Lehrer ohne Ausbildung haben vielleicht eine positive Einstellung und sind bereit, bewährte Verfahren anzuwenden, verfügen aber nicht über die Wissensbasis, auf der ihre Fähigkeiten aufbauen kann. Viele leiden unter diesem Mangel an Erfahrung. Natürlich sind auch die Schüler betroffen. Sie befinden sich in Klassen mit Lehrern, die nur eine minimale Ausbildung in Pädagogik und noch weniger Erfahrung und Ausbildung in Bezug auf außergewöhnliche Fähigkeiten haben. Der Lehrer leidet einfach unter dem Mangel an Wissen und Verständnis. Die Schule und die örtliche Bildungsbehörde sind betroffen, wenn

Schüler mit Behinderungen an anspruchsvollen Tests teilnehmen. Die Schüler in den allgemeinbildenden Klassen würden die allgemeine Prüfung wahrscheinlich mit wenigen Anpassungen ablegen. Die Ergebnisse der Prüfung wirken sich direkt auf den Status der Schule und die Möglichkeiten des Schülers aus.

Beschränkungen

Eine Einschränkung dieser Studie betraf die Änderungen, die an der Intervention vorgenommen wurden. Die Fortbildung war ursprünglich als Online-Modul für den individuellen Gebrauch konzipiert. Auf Wunsch von Lehrkräften in der Ausbildung wurde das Modul in ein sechsstündiges Live-Modell umgewandelt. Die Teilnehmer an dieser Studie waren nicht für einen kontinuierlichen sechsstündigen Zeitraum verfügbar. Daher änderte der Forscher die Live-Präsentation und reduzierte sie auf zwei Stunden und 30 Minuten, um den Anforderungen der Teilnehmer gerecht zu werden. Die Modifikation enthielt die Hauptkomponenten der ursprünglichen Schulung, ließ jedoch einen Großteil der zeitaufwändigen Praxisaktivitäten weg. So hatten die Teilnehmer nicht die Möglichkeit, sich in dem Maße an Gruppendiskussionen zu beteiligen, wie es der Forscher wünschte, um die Klärung von Konzepten zu unterstützen. Größere Gruppendiskussionen hätten möglicherweise einige der Bedenken der Sekundarschüler erhellen können, so dass Erklärungen und weitere Anweisungen möglich gewesen wären.

Eine weitere Einschränkung dieser Studie könnte die Verwendung von zwei getrennten Klassen gewesen sein. Diese Art der Durchführung wurde gewählt, um Studenten auf verschiedenen Ebenen ihrer Ausbildung zu erreichen. Eine Gruppe von Studierenden besuchte einen Kurs, der im Allgemeinen bis zu drei Semester vor dem Lehramtsstudium belegt wird. In vielen Fällen handelt es sich dabei um einen der ersten Kurse, den die Studenten im Hauptfach Pädagogik belegen. Die zweite Gruppe von Teilnehmern absolvierte ein Lehramtsstudium und hatte alle erforderlichen Kurse vor dem Abschluss abgeschlossen. Obwohl dies nicht Teil der Forschungsfrage für diese Studie war, untersuchte der Forscher die Unterschiede in den Mittelwerten bei der dritten Durchführung des TATIS zwischen den beiden Gruppen und es wurde kein signifikanter Unterschied festgestellt ($p > .05$). Die Verwendung der beiden Gruppen könnte insofern einschränkend gewesen sein, als dass die Durchführung des TATIS sowie die Durchführung der beruflichen Weiterbildung nicht im gleichen Zeitrahmen stattfanden. Der Zeitplan wurde für jeden Kurs angepasst, abhängig von den Anforderungen des Professors, von Konferenzen, die mitten in der Studie stattfanden, sowie von den Frühjahrsferien, die vor der abschließenden Durchführung des TATIS lagen. Die Inkonsistenz der TATIS-Verwaltung ermöglichte es den Teilnehmern, mehr oder weniger Zeit zwischen den Gelegenheiten zur

Beantwortung der Umfrage-Items zu verbringen, was zu Übertragungseffekten oder Gedächtnisverlusten in Bezug auf den gelernten Stoff geführt haben könnte.

Diese Studie könnte dadurch eingeschränkt worden sein, dass die Forscherin sowohl das TATIS-Instrument als auch die berufliche Weiterbildung durchführte. Der Forscher unterrichtet in der Regel Sonderpädagogikkurse an der Universität, an der diese Studie durchgeführt wurde. Um der Voreingenommenheit des Forschers Rechnung zu tragen, wählte der Forscher ein rein quantitatives Design, um eine Voreingenommenheit bei der Interpretation der Ergebnisse zu vermeiden. Bei einer qualitativen Studie wäre es möglich gewesen, dass der Forscher bei der Kodierung und Interpretation der Teilnehmerantworten voreingenommen gewesen wäre, da er über frühere Unterrichtsstunden und Schülerleistungen Bescheid wusste. Ein quantitatives Design erlaubte es dem Forscher nicht, die Antworten der Teilnehmer zu beurteilen, sondern nur die Ergebnisse des TATIS-Instruments aufzuzeichnen.

Und schließlich lässt die kleine Teilnehmerstichprobe von einer einzigen privaten Universität keine Verallgemeinerung zu. Eine Replikation dieser Studie müsste Studenten von größeren, öffentlichen Universitäten mit größerer Vielfalt einbeziehen. Außerdem könnte eine gleichmäßigere Verteilung der Studienfächer bei der Analyse der Daten hilfreich sein. In dieser Studie gab es doppelt so viele "All-Level"-Teilnehmer wie in allen anderen Gruppen, was sich möglicherweise auf die Ergebnisse auswirkte.

Künftige Forschung

Diese Studie eröffnet viele Möglichkeiten für zukünftige Forschung. Die wichtigste festgestellte Einschränkung war die Änderung der Intervention von einer sechsstündigen Präsentation zu einer zweistündigen 30-minütigen Präsentation. Eine mögliche Forschungsoption wäre die Wiederholung der Studie in der geplanten Form und die Durchführung der vollen sechsstündigen Präsentation. Dies könnte signifikante Auswirkungen auf die Einstellung von angehenden Lehrern gegenüber der Einbeziehung von Schülern mit Autismus in den allgemeinen Unterricht zeigen. Ebenso könnte man die Intervention als sechsstündige Live-Präsentation für eine Gruppe und das Online-Modul für eine zweite Gruppe zum Vergleich anbieten.

Diese Möglichkeit für künftige Forschung stellt eine wichtige Information dar. Die Module und Live-Präsentationen wurden auf Wunsch der texanischen Bildungsbehörde entwickelt, um Lehrern im gesamten Bundesstaat Texas einheitliche Informationen zur Verfügung zu stellen. Um die Forschung mit dem vom Autismus-Netzwerk des Bundesstaates Texas entwickelten Schulungsmaterial voranzutreiben, wäre es notwendig, die Ziele der Schulung zu ermitteln.

Wollte der Entwickler zum Beispiel mit der Schulung das Wissen über Autismus verbessern, Strategien für die Unterrichtung von Schülern mit Autismus vermitteln oder die Einstellung der Lehrer beeinflussen? Sobald das Ziel/die Ziele festgelegt sind, wäre eine Untersuchung der Ergebnisse angemessen und notwendig. In Zeiten finanzieller Einschränkungen, steigender Zahlen von Schülern mit Autismusdiagnosen und höherer Inklusionsquoten ist es von entscheidender Bedeutung zu wissen, ob die begrenzten finanziellen Mittel tatsächlich den beabsichtigten Zweck erfüllen.

Die Auswirkungen von Einstellungen auf das Verhalten von angehenden Lehrkräften sollten weiter erforscht werden. Die bisherige Literatur konzentrierte sich auf angehende Lehrer als Ganzes. Diese Studie ging weiter und beleuchtete die Unterschiede, die je nach gewähltem Hauptfach der Studierenden festgestellt wurden. Weitere Untersuchungen sollten an verschiedenen Einrichtungen durchgeführt werden, die Lehrern der Sekundarstufe und aller Stufen zusätzliche Möglichkeiten zur Ausbildung bieten. In der Literatur wird die Notwendigkeit einer ausreichenden Ausbildung beschrieben. Leblanc (2009) stellte nach einer dreistündigen und 20-minütigen Schulung über einen Zeitraum von zwei Monaten eine Verbesserung der Einstellung fest. Kosko und Wilkins (2009) stellten fest, dass sich die Veränderungen der Selbstwirksamkeit nach acht Stunden Fortbildung verdoppelten. Es scheint klar zu sein, dass die für die Schulung vorgesehene Zeit sowie die Durchführung in Form von Zeitabständen zwischen den Sitzungen entscheidend sind und weiterer Forschungsbedarf besteht.

Schließlich sollte die Beziehung zwischen Einstellungen, daraus resultierenden Verhaltensweisen und Selbstwirksamkeit weiter erforscht werden. Almog und Shechtman (2007) stellen fest, dass die Verhaltensweisen von Lehrern und ihre Entscheidungspraktiken vom Grad der Selbstwirksamkeit des Lehrers bestimmt werden. Berry (2010) führte Untersuchungen durch, die den Zusammenhang zwischen der Rolle der Selbstwirksamkeit und den sich entwickelnden Einstellungen von Lehrern im Vorbereitungsdienst aufzeigten. Die Ergebnisse stützen frühere Studien von Carroll et al. (2003) und Taylor und Sobel (2001), die auf einen Mangel an Vertrauen in ihre Fähigkeiten, in einem integrativen Umfeld zu unterrichten, hinweisen. Jedes dieser Konzepte muss im Lichte der Schlussfolgerungen dieser Studie in Bezug auf das gewählte Hauptfach der angehenden Lehrkräfte weiter untersucht werden.

Schlussfolgerung

Die bisherige Literatur weist auf den Wert der Fortbildung und ihre Auswirkungen auf die Einstellung von Lehrern zur Einbeziehung von Schülern mit Autismus und anderen Entwicklungsstörungen in den allgemeinen Unterricht hin. In dieser Studie wurde versucht, die

Veränderung der Durchschnittswerte einer Umfrage zur Einstellung von Lehrern im Vorbereitungsdienst nach der Teilnahme an einer Fortbildung zu untersuchen. Der Mittelwert des TATIS blieb für die Teilnehmer, die nicht an der Fortbildung teilgenommen hatten, konstant. Umgekehrt zeigten die mittleren Werte der TATIS der angehenden Lehrer, die an der Fortbildung teilgenommen hatten, einen Anstieg der positiven Einstellung. Alle Lehrer müssen für die Unterrichtung von Schülern mit Behinderungen ausgebildet werden. Schüler mit Behinderungen werden ständig in allgemeinbildenden Klassen untergebracht. Zu den allgemeinbildenden Klassenzimmern gehören die traditionellen Klassenzimmer, aber auch andere Fächer wie Kunst, Musik und Sport. Die Lehrkräfte müssen sich die notwendigen Fähigkeiten aneignen, um Schüler mit Behinderungen effektiv unterrichten zu können, und zwar durch berufliche Weiterbildung. Berufliche Weiterbildung wird während der Fortbildung angeboten, steht den Lehrern jedoch aufgrund finanzieller Beschränkungen oft nicht zur Verfügung. In den Jahren vor der Ausbildung haben die Lehrer die besten Möglichkeiten, die für den Unterricht von Schülern mit Behinderungen erforderlichen Kenntnisse zu erwerben. Diese Studie hat gezeigt, dass sich die Einstellung von Lehrern im Vorbereitungsdienst insgesamt leicht verbessert hat. Diese Veränderung könnte jedoch auf den Standardfehler des Instruments zurückzuführen sein. Die Ergebnisse deuten auf einen signifikanten Unterschied zwischen den an der Studie beteiligten Gruppen hin. Der Rückgang der Einstellung bei den angehenden Lehrkräften der Sekundarstufe deutet darauf hin, dass mehr Schulungen erforderlich sind, die normalerweise angeboten werden. Leblanc (2009) stellte fest

Verbesserung der Einstellung in dieser Gruppe nach zwei Schulungen, die über einen Zeitraum von zwei Monaten stattfanden. Lehrer im Vorbereitungsdienst für die Sekundarstufe werden mit Sicherheit mit autistischen Schülern zu tun haben ( ) und benötigen eine angemessene und geeignete Ausbildung, um diese Schüler effektiv unterrichten zu können. Die Grundschullehrer zeigten die größte Verbesserung in ihrer Einstellung, obwohl sie nicht das gleiche Niveau wie die Gruppe der Sonderschullehrer/interdisziplinären Lehrer erreichten. Die Gruppe, die den Sport-, Musik- und Kunstunterricht auf allen Ebenen umfasste, zeigte ebenfalls eine leichte Verbesserung der Einstellung, erreichte aber nicht das Niveau der Grundschulteilnehmer. Diese Ergebnisse deuten darauf hin, dass zusätzliche Schulungen erforderlich sind, um die Einstellung der angehenden Lehrkräfte gegenüber der Integration von Schülern mit Autismus-Spektrum-Störungen in den allgemeinen Unterricht zu beeinflussen.

ANHÄNGE

Anhang A

Skala für die Einstellung von Lehrkräften zur Inklusion (TATIS)

Wegbeschreibung: Zweck dieser vertraulichen Umfrage ist es, eine genaue und gültige Einschätzung Ihrer Wahrnehmung der Inklusion von Schülern mit leichten bis mittleren Behinderungen in Regelklassen zu erhalten. Sie enthält auch Fragen zu Ihren Vorstellungen über die berufliche Rolle, Ihre Einstellung zur Kollegialität und Ihre Einschätzung der Wirksamkeit der Inklusion (d. h., ob Sie glauben, dass die Inklusion gelingen kann oder nicht). Da es keine "richtigen" oder "falschen" Antworten auf diese Fragen gibt, bitten wir Sie um eine ehrliche Antwort.

Definition von vollständiger Inklusion: Für die Zwecke dieser Erhebung wird vollständige Inklusion definiert als die Integration von Schülern mit leichten bis mittelschweren Behinderungen in reguläre Klassenzimmer während mindestens 80 % des Schultages. Nach den Bundesgesetzen zur Sonderschulbildung zählen zu den leichten bis mittelschweren Behinderungen Lernbehinderungen, Hörbehinderungen, Sehbehinderungen, körperliche Behinderungen, Aufmerksamkeitsdefizitstörungen, Sprachstörungen und leichte/mittlere emotionale Störungen, geistige Behinderung, Autismus oder traumatische Hirnverletzungen.

Verwenden Sie die folgende Skala für alle Punkte:

1=Stimme voll und ganz zu (AVS), 2=stimme voll und ganz zu (SA), 3=stimme zu (A), 4=stimme weder zu
(NAD), 5=Stimme nicht zu (D), 6=Stimme überhaupt nicht zu (SD), 7=Stimme überhaupt nicht zu
stark (DVS)

		1	2	3	4	5	6	7
1.	Alle Schüler mit leichten bis mittelschweren Behinderungen sollten unterrichtet werden in Regelklassen mit nicht behinderten Mitschülern in größtmöglichem Umfang.	AVS 1	SA 2	A 3	NAD 4	D SD 5	DVS 6	7
2.	Es ist selten notwendig, Schüler mit leichten bis mittelschweren Behinderungen aus dem regulären Unterricht zu nehmen, um ihren pädagogischen Bedürfnissen gerecht zu werden.	1	2	3	4	5	6	7

3.	Die meisten oder alle separaten Klassenräume, die ausschließlich für Schüler mit leichten bis mittleren Behinderungen vorgesehen sind, sollten abgeschafft werden.	1	2	3	4	5	6	7
4.	Die meisten oder alle regulären Klassenzimmer können so angepasst werden, dass sie den Bedürfnissen von Schülern mit leichten bis mittleren Behinderungen gerecht werden.	1	2	3	4	5	6	7
5.	Schüler mit leichten bis mittelschweren Behinderungen sollten nicht in regulären Klassen mit nicht behinderten Schülern unterrichtet werden, da sie zu viel Zeit des Lehrers beanspruchen würden.	1	2	3	4	5	6	7
6.	Die Inklusion ist ein effizienteres Modell für die Ausbildung von Schülern mit leichten bis mittleren Behinderungen, da sie die Übergangszeit (d. h. die Zeit, die für den Wechsel von einer Umgebung zur anderen erforderlich ist) verkürzt.	1	2	3	4	5	6	7
7.	Schüler mit leichten bis mittelschweren Behinderungen sollten nicht in regulären Klassen mit nicht behinderten Schülern unterrichtet werden, da sie zu viel Zeit des Lehrers beanspruchen würden.	1	2	3	4	5	6	7
8.	Ich habe Zweifel an der Wirksamkeit der Integration von Schülern mit leichten/mittleren Behinderungen in Regelklassen, da ihnen oft die für den Erfolg notwendigen akademischen Fähigkeiten fehlen.	1	2	3	4	5	6	7
9.	Ich habe Zweifel an der Wirksamkeit der Eingliederung von Schülern mit leichten/mittleren Behinderungen in Regelklassen, da ihnen oft die für den Erfolg notwendigen sozialen Fähigkeiten fehlen.	1	2	3	4	5	6	7
10.	Ich stelle fest, dass Lehrkräfte des allgemeinen Unterrichts oft keinen Erfolg bei Schülern mit leichten bis mittleren Behinderungen haben, selbst wenn sie ihr Bestes geben.							
11.	Ich würde es begrüßen, wenn ich die Gelegenheit bekäme, im Team zu unterrichten, um den Bedürfnissen von Schülern mit leichten bis mittelschweren Behinderungen gerecht zu werden.	1	2	3	4	5	6	7
	Behinderungen in regulären Klassenräumen.	1	2	3	4	5	6	7
12.	Alle Schüler profitieren vom Team	1	2	3	4	5	6	7
13.	Das bedeutet, dass eine Lehrkraft für allgemeine Bildung und eine Lehrkraft für Sonderpädagogik gemeinsam in einem Klassenzimmer unterrichten . Die	1	2	3	4	5	6	7

	Verantwortung für die Unterrichtung von Schülern mit leichten/mittleren Behinderungen in Regelklassen sollte zwischen Lehrkräften der allgemeinen und der Sonderpädagogik aufgeteilt werden.							
14.	Ich würde die Möglichkeit begrüßen, an einem Beratungslehrermodell teilzunehmen (d. h. regelmäßige gemeinsame Treffen von Sonder- und Allgemeinbildungslehrern zum Austausch von Ideen, Methoden und Material), um auf die Bedürfnisse von Schülern mit leichten/mittleren Behinderungen in Regelklassen einzugehen.	1	2	3	4	5	6	7

Anhang B

Informierte Zustimmung zur Teilnahme an einer Forschungsstudie

An den Teilnehmer,

Mit diesem Formular bitten wir Sie um Ihre Zustimmung zur Teilnahme an einer Bildungsforschungsstudie. Im Rahmen dieser Studie wird die Einstellung von angehenden Lehrkräften zur Integration von Kindern mit Behinderungen, insbesondere Autismus, in eine allgemeine Schulklasse vor und nach einer Fortbildung über Autismus-Spektrum-Störungen untersucht. Im Rahmen der Studie werden die studentischen Teilnehmer einen demografischen Fragebogen und viermal eine Einstellungsumfrage ausfüllen, die über einen Zeitraum von vier Wochen durchgeführt wird. Die Teilnehmer werden an einer dreistündigen Fortbildung teilnehmen, die während einer regulären Unterrichtsstunde stattfindet. Die Teilnahme an dieser Studie hat keinen Einfluss auf die Fähigkeit der Studenten, die erforderlichen Kursarbeiten zu absolvieren.

Die Daten werden von Kris Ward, einem Doktoranden der Baylor University, im Rahmen eines Dissertationsprojekts erhoben. Es sind keine physischen, psychologischen und/oder soziologischen Risiken bekannt. Alle erhobenen Daten werden vollständig anonymisiert, um die Privatsphäre der Teilnehmer zu schützen. Alle Daten werden nach Beendigung der Studie vernichtet. Die demografischen Informationen der Teilnehmer werden vertraulich behandelt, wenn sie in der Studie genannt werden. Der Nutzen Ihrer Teilnahme kann darin bestehen, dass Sie mehr über die besten Lehrmethoden für Schüler mit Autismus-Spektrum-Störungen erfahren.

Mit Ihrer Unterschrift erklären Sie Ihr Einverständnis und Ihre Bereitschaft zur Teilnahme an dieser Studie . Es gibt keine Strafe für die Nichtteilnahme, und Sie können Ihre Teilnahme an der Studie jederzeit widerrufen, auch ohne Strafe oder Verlust von Leistungen. Wenn Sie sich für die

Teilnahme an der Bildungsforschungsstudie entscheiden, geben Sie bitte diese Einverständniserklärung unterschrieben zurück. Wenn Sie Fragen oder Bedenken haben, wenden Sie sich bitte an Kris Ward unter der Telefonnummer 254-295-4946 oder per E-Mail an kris ward1@baylor.edu. Sie können auch Julie Ivey-Hatz unter 254-710-7584 an der Baylor University kontaktieren. Anfragen zur Art des Forschers, zu Ihren Rechten als Versuchsperson oder zu anderen Aspekten Ihrer Teilnahme können über den Vorsitzenden Dr. Michael E. Sherr, Chair IRB, Baylor University, One Bear Place #97320, Waco, TX 76798-7320 oder telefonisch unter 254-710-4483 an das Baylor University Committee for Protection of Human Subjects Research gerichtet werden.

Ich habe dieses Formular gelesen und verstanden und bin mir über meine Rechte als Teilnehmer bewusst. Ich habe der Teilnahme an der Studie auf der Grundlage der bereitgestellten Informationen zugestimmt. Eine Kopie des unterzeichneten Formulars wird mir ausgehändigt.

Unterschrift des Teilnehmers
_____
Name des Teilnehmers

Anhang C

Demographischer Fragebogen

ID:

Alter:_____ Geschlecht:

Hauptfach:_____ Einstufung:

Inwieweit hatten Sie bereits Gelegenheit, mit Schülern mit Autismus oder anderen Behinderungen zu arbeiten?

Keine   Geringfügig   Häufig   Ausführlich

Inwieweit sind Sie mit Menschen mit Behinderungen in Berührung gekommen, hatten aber nicht direkt mit ihnen zu tun?

Keine   Geringfügig   Häufig   Ausführlich

Anhang D

Überblick über die berufliche Entwicklung

Autismus und allgemeine Bildung

- Spektrumsnatur des Autismus
- Unterkategorien von Autismus
- Ursachen
- Statistik
  * Neueste Statistik der CDC; 1:88
- Diagnose vs. Anspruch auf sonderpädagogische Leistungen
- Gemeinsame Frühindikatoren
  * Weniger Geplapper
  * Weniger Augenkontakt beim Füttern
- Trias der Beeinträchtigungen: Kommunikation, Soziales, eingeschränkte/ungewöhnliche Verhaltensweisen
- Einzigartige Lernunterschiede
  * Video eines Kindes im Grundschulalter mit Autismus, das ein einzigartiges Verständnis des Alphabets zeigt

Willkommenskultur im Klassenzimmer

- Positive und akzeptierende Einstellung
- Einbeziehung der Familie
  * Regelmäßige Kommunikation mit der Familie
- Informationen und ein Team zusammenstellen
  * Forschung Autismus
  * Treffen mit Unterstützungspersonal
- Schüler/Personen vorbereiten
  * Vorbereitung von Gleichaltrigen mit Informationen über Autismus
  * Vorbereitung der Schüler mit Bildern der Schule, Besuch im Klassenzimmer, visuellem Zeitplan
- Lehrplanmäßige Verbindungen

- Förderung der Verallgemeinerung von Fähigkeiten über den Lehrplan hinweg
  - Sensorische Betrachtung
- Berücksichtigen Sie Beleuchtung, Lärm, Gerüche
  - Verstärkung/Motivation
- Lernen Sie den Wert von Verstärkung und Wege zur erfolgreichen Umsetzung
- Motivieren Sie durch die Interessen der Schüler
  - Erwarten Sie Erfolg

Die Bedeutung der Kommunikation

  - Merkmal der Kommunikation
- Aktivität, bei der die Teilnehmer eine Geschichte erzählen sollen, ohne Worte zu benutzen
  - Kommunikation führt zu einem Verhalten
  - Verwendung/Modellierung der Sprache
  - Was können Pädagogen tun?
- Demonstration der gemeinsamen Aufmerksamkeit: Zeigen Sie auf die Tafel und kündigen Sie an, dass die Hausaufgaben an der Tafel stehen. Zeigen Sie, dass ein Mangel an gemeinsamer Aufmerksamkeit dazu führen kann, dass der Schüler mit Autismus die Ankündigung falsch versteht.

Unterrichtsstrategien planen

  - Visuelle Strategien
- Geben Sie jedem Teilnehmer einen visuellen Zeitplan der Sitzung
- Demonstration von Möglichkeiten zur Manipulation des visuellen Zeitplans
  - Universelles Design für den Unterricht
- Aufzeigen von Möglichkeiten zur Differenzierung
  - Struktur im Klassenzimmer
- Fotografien von Organisationssystemen
- Fotos der Klassenzimmereinrichtung
- Fotos vom Arbeitsbereich des Schülers

- Soziale Kompetenzen
- Peer-Modeling

REFERENZEN

Agbenyega, J. (2007). Untersuchung der Bedenken und Einstellungen von Lehrern zur integrativen Bildung in Ghana. *Internationale Zeitschrift für Ganzheitliche Schulbildung, 3*, 41-56.

Alghazo, E. M., Dodeen, H., & Algaryouti, I. A. (2003). Einstellungen von Lehrern im Vorbereitungsdienst gegenüber Menschen mit Behinderungen: Vorhersagen für den Erfolg von Inklusion. *College Student Journal, 37*, 515-522.

Almog, O., & Shechtman, Z. (2007). Demokratische Überzeugungen und Wirksamkeitsüberzeugungen von Lehrern und Bewältigungsstile im Umgang mit Verhaltensproblemen von Schülern mit besonderen Bedürfnissen. *European Journal of Special Needs Education, 22*, 115-129.

Amerikanische Psychiatrische Vereinigung. (1994). Diagnostisches und statistisches Handbuch der psychischen Störungen. (4. Aufl.). Washington, DC: Autor.

Armor, D., Conroy-Wsequera, P., Cox, M., King, N., McDonnell, L., Pascal, A., Pauly, E., & Zellman, G. (1976). *Analyse der von der Schule bevorzugten Leseprogramme in ausgewählten Minderheitenschulen in Los Angeles* (Bericht Nr. R-2007-LAUSD). Santa Monica, CA: Rand Corporation.

Avramidis, E., Bayliss, P., & Burden, R. (2000). Eine Umfrage über die Einstellung von Regelschullehrern zur Eingliederung von Kindern mit sonderpädagogischem Förderbedarf in die Regelschule in einer lokalen Bildungsbehörde. *Pädagogische Psychologie, 20*, 191-212.

Avramidis, E., & Norwich, B. (2002). Die Einstellung von Lehrern zur Integration/Inklusion: ein Überblick über die Literatur. *European Journal of Special Needs Education, 17*, 129147.

Bakeman, R. (2005). Empfohlene Effektgrößenstatistiken für Designs mit wiederholten Messungen. *Behavior Research Methods, 37*, 379-384.

Bandura, A. (1977a). Self-efficacy: Toward a unifying theory of behavioral change. *Psychological Review, 84*, 191-215.

Bandura, A. (Hrsg.) (1977b). Social Learning Theory. Englewood Cliffs, NJ: PrenticeHall, Inc.

Baron-Cohen, S. (2008). Autismus und Asperger-Syndrom: The Facts. NY: Oxford University Press.

Beare, P. (1985). Die Einstellung von Lehrern in Regelklassen zum Mainstreaming von emotional gestörten Schülern: Können sie geändert werden? (Bericht Nr. EC171390). Minnesota: Handicapped and Gifted Children.

Beirne-Smith, M., Patton, J. R., & Kim, S. H. (2006). Mental Retardation Eine Einführung in geistige Behinderungen. (7th ed.). Upper Saddle River, NJ: Pearson Education Inc.

Bennett, T., DeLuca, D., & Bruns, D. (1997). Inklusion in die Praxis umsetzen: Sichtweisen von Lehrern und Eltern. *Exceptional Children, 64*(1), 115-131.

Berman, P., & McLaughlin, M. (1977). Bundesprogramme zur Unterstützung von Veränderungen im Bildungswesen, Band II: *Faktoren, die sich auf die Umsetzung und Fortführung auswirken* (Bericht Nr. R-1589/7-HEW). Santa Monica, CA: Rand Corporation.

Berry, R. A. W. (2010). Einstellungen von Lehrern im Vorbereitungsdienst und Berufsanfängern zu Inklusion, Anpassungen im Unterricht und Fairness: Three profiles. *The Teacher Educator, 45,* 75-95.

Block, M. E., & Obrusnikova, I. (2007). Inklusion im Sportunterricht: Ein Überblick über die Literatur von 1995-2005. *Adapted Physical Activity Quarterly, 24,* 103-124.

Brophy, J. E., & McCaslin, M. (1992). Berichte von Lehrern darüber, wie sie Problemschüler wahrnehmen und mit ihnen umgehen. *Elementary School Journal, 93,* 3-67.

Campbell, J. (2003). 'Ziele 2000: Ein bescheidener Vorschlag für eine Reform". *Forschung für die Bildungsreform, 18,* 40-46.

Carroll, A., Forlin, C., & Jobling, A. (2003). Der Einfluss der Lehrerausbildung in der Sonderpädagogik auf die Einstellung australischer angehender Allgemeinpädagogen gegenüber Menschen mit Behinderungen. *Teacher Education Quarterly, 30,* 65-79.

Center, Y., & Ward, J. (1987). Die Einstellung von Lehrern zur Integration von behinderten Kindern in Regelschulen. *The Exceptional Child, 34,* 41-56.

Combs, S., Elliott, S., & Whipple, K. (2010). Die Einstellung von Grundschul-Sportlehrern zur Inklusion von Kindern mit besonderen Bedürfnissen: Eine qualitative Untersuchung. *Internationale Zeitschrift für Sonderpädagogik, 25,* 114-125.

Cook, B. G. (2002). Einstellungen, Stärken und Schwächen von angehenden Allgemeinpädagogen, die an einem Vorbereitungsprogramm für Lehrkräfte mit integriertem Lehrplan teilnehmen. *Teacher Education and Special Education, 25,* 262-277.

Cullen, J., Gregory, J. L., & Noto, L. A. (2010). Die Skala zur Einstellung von Lehrern zur Inklusion (TATIS). Referat oder Postersitzung auf der Tagung der Eastern Educational Research Association, Sarasota, FL.

Cullen, J., & Noto, L. (2007). Bewertung der Einstellung von angehenden Lehrkräften für Allgemeinbildung gegenüber der Integration von Schülern mit leichten bis mittleren Behinderungen. *Journal for the Advancement of Educational Research, 3*, 23-33.

de Boer-Ott, S. R. (2005). Erfahrungen und Wahrnehmungen von Lehrern an allgemeinbildenden Schulen in Bezug auf integrativen Unterricht und die Einbeziehung von Schülern mit Autismus-Spektrum-Störungen. *ProQuest Dissertations and Theses.*

DeSimone, J. R., & Parmar, R. S. (2006). Die Überzeugungen von Mathematiklehrern der Mittelstufe über die Einbeziehung von Schülern mit Lernbehinderungen. *Learning Disabilities Research & Practice, 21*, 98-110.

Detres, M. (2005). Hispanische Schülerinnen mit besonderen Bedürfnissen: Inklusion oder Exklusion. (Dissertation, Walden University, 2005)". *Dissertation Abstracts International, 66*, 21-69.

Downing, J. (2004). Begleitende Dienstleistungen für Schüler mit Behinderungen: Introduction to the special issue. *Intervention in Schule und Klinik, 39*, 195-208.

Eldar, E., Talmor, R., & Wolf-Zukerman, T. (2010). Erfolge und Schwierigkeiten bei der individuellen Eingliederung von Kindern mit Autismus-Spektrum-Störungen (ASD) aus der Sicht ihrer Koordinatoren. *Internationale Zeitschrift für integrative Bildung, 14*, 97-114.

Ellins, J., & Porter, J. (2005). Abteilungsunterschiede in der Einstellung zu sonderpädagogischem Förderbedarf in der Sekundarschule. *British Journal of Special Education, 32*, 188-195.

Fazio, R. H., & Zanna, M. P. (1978). Zur prädiktiven Validität von Einstellungen: die Rolle von direkter Erfahrung und Vertrauen. *Journal of Personality, 46*, 228-243.

Foreman, P., Arthur-Kelly, M., Pascoe, S., & King, B. S. (2004). Evaluierung der Bildungserfahrungen von Kindern mit schweren und mehrfachen Behinderungen in integrativen und segregierten Klassenzimmern: Eine australische Perspektive. *Research and Practice for Persons with Severe Disabilities, 9,* 183-193.

Friedman, I. (2003). Selbstwirksamkeit und Burnout im Lehrerberuf: Die Bedeutung der Wirksamkeit zwischenmenschlicher Beziehungen. *Sozialpsychologie der Erziehung, 6*, 191-215.

Gary, P. L. (1997). Die Auswirkung der Eingliederung auf nicht behinderte Kinder; ein Überblick über die Forschung. *Contemporary Education, 68*, 4.

Gibson, S., & Dembo, M. H. (1984). Teacher efficacy: A construct validation. *Zeitschrift für Pädagogische Psychologie, 76*, 569-582.

Grusec, J. E. (1992). Soziale Lerntheorie und Entwicklungspsychologie: Das Vermächtnis von Robert Sears und Albert Bandura. *Developmental Psychology, 28*, 776-786.

Hammond, H., & Ingalls, L. (2003). Die Einstellung von Lehrern zur Inklusion: Umfrageergebnisse von Grundschullehrern in drei ländlichen Schulbezirken im Südwesten. *Rural Special Education Quarterly, 22*, 24-30.

Harding, S. (2009). Erfolgreiche Inklusionsmodelle für Schüler mit Behinderungen erfordern eine starke Führung vor Ort: Autismus und Verhaltensstörungen stellen viele Herausforderungen für das Lernumfeld dar. *Internationale Zeitschrift für Lernen, 16*(3), 91-103.

Hastings, R. P., & Graham, S. (1995). Die Wahrnehmung von Jugendlichen mit schweren Lernschwierigkeiten durch Heranwachsende: Die Auswirkungen von Integrationsprogrammen und Häufigkeit des Kontakts. *Pädagogische Psychologie, 15*, 149-159.

Hwang, Y. S., & Evans, D. (2011). Attitudes towards inclusion: Gaps between belief and practice. *Internationale Zeitschrift für Sonderpädagogik, 26*, 136-146.

Idol, L. (2006). Auf dem Weg zur Eingliederung von Sonderschülern in die allgemeine Bildung. *Remedial and Special Education, 27*, 77-94.

Individuals with Disabilities Education Act, (1994) 20 U.S.C. §§ 1412, 1414; 34 C.F.R. Part 300; Fifth Circuit Federal Court of Appeals; Office of Special Education Programs.

Jenkins, A., & Ornelles, C. (2007). Das Selbstvertrauen von Lehrern im Vorbereitungsdienst beim Unterrichten von Schülern mit Behinderungen: Auseinandersetzung mit den INTASC-Standards. *The Electronic Journal for Inclusive Education, 2*(2), http://www.ed.wright.edu/~prenick/Winter Spring 08/Winter Spring 08.html.

Jenkins, A., & Ornelles, C. (2009). Ermittlung des beruflichen Entwicklungsbedarfs von Allgemeinpädagogen beim Unterrichten von Schülern mit Behinderungen in Hawai'i. *Professional Development in Education, 35*, 635-654.

Jennett, H. K., Harris, S. L., & Mesibov, G. B. (2003). Engagement für die Philosophie, Lehrereffizienz und Burnout bei Lehrern von Kindern mit Autismus. *Journal of Autism and Developmental Disorders, 33*, 583-593.

Jones, V. (2007). Ich hatte das Gefühl, etwas Gutes getan zu haben" - die Auswirkungen eines Peer-Tutoring-Programms für Kinder mit Autismus auf Regelschüler. *Britische Zeitschrift für Sonderpädagogik, 34*, 3-9.

Jordan, A., Kircaali-Iftar, G., & Diamond, P. (1993). Wer hat ein Problem, der Schüler oder der Lehrer? Unterschiede in den Überzeugungen von Lehrern über ihre Arbeit mit gefährdeten und integrierten außergewöhnlichen Schülern. *International Journal of Disability, Development and Education, 40*, 45-62.

Jull, S. (2006). Auto-graph: Überlegungen zum Nutzen der Selbstbeobachtung des Schülerverhaltens für integrative Schulen. *Journal of Research in Special Educational Needs*, 6(1), 1730.

Kanner, L. (1943). "Autistische Störungen des affektiven Kontakts". *Acta Paedopsychiatrica [Acta Paedopsychiatr], 35*, 100-136.

Kilanowski-Press, L., Foote, C., & Rinaldo, V., (2010). Inklusionsklassen und Lehrer: Eine Übersicht über aktuelle Praktiken. *Internationale Zeitschrift für Sonderpädagogik, 25*, 43-56.

Kim, Y. S., Bennett, L., Yun-Joo, K., Fombonne, E., Laska, E., Lim, E., Cheon, K., Kim, S., Kim, Y., Lee, H., Song, D., & Grinker, R. R. (2011). Prävalenz von Autismus-Spektrum-Störungen in einer Gesamtbevölkerungsstichprobe. *American Journal of Psychiatry, 168*, 904-912.

Kirk, R. E. (1995). *Experimentelle Planung: Procedures for the Behavioral Sciences*. (3rd ed.). Brooks/Cole Publishing Co.

Kogan, M., Blumberg, S., Schieve, L., Boyle, C., Perrin, J., Ghandour, R., Perrin, M., Ghandour, R. M., Singh, G. K., Strickland, B. B., Trevathan, E., & van Dyck, P. C. (2009). Prävalenz der von den Eltern gemeldeten Diagnose einer Autismus-Spektrum-Störung bei Kindern in den USA, 2007. *Pediatrics, 124*, 1395-1403.

Kosko, K. W., & Wilkins, J. L. M. (2009). Die Fortbildung von Allgemeinpädagogen und ihre selbst wahrgenommene Fähigkeit, den Unterricht für Schüler mit IEPs anzupassen. *The Professional Educator, 33*, 1-10.

Leblanc, L., Richardson, W., & Burns, K. A. (2009). Autismus-Spektrum-Störung und das integrative Klassenzimmer. Effektives Training zur Verbesserung des Wissens über ASD und evidenzbasierte Praktiken. *Teacher Education and Special Education, 32*(2), 166179.

Lifshitz, H., Glaubman, R., & Issawi, R. (2004). Einstellungen zur Inklusion: Der Fall von israelischen und palästinensischen Lehrern für Regel- und Sonderschulen. *European Journal of*

Special Needs Education, 19, 171-190.

Lin, H., Gorrell, J., & Taylor, J. (2002). Einfluss von Kultur und Bildung auf die Überzeugungen von Lehrern in der Ausbildung in den USA und Taiwan über die Wirksamkeit. *Zeitschrift für Bildungsforschung, 96*, 37-46.

Lopes, J. A., Monteiro, I., Sil, V., Rutherford, R. B., & Quinn, M. M. (2004). Vorstellungen von Lehrern über das Unterrichten von Problemschülern in regulären Klassenzimmern. *Erziehung und Behandlung von Kindern, 27*, 394-419.

Loreman, T., & Earle, C. (2007). Die Entwicklung von Einstellungen, Gefühlen und Bedenken in Bezug auf integrative Bildung in einem inhaltsbezogenen kanadischen Lehrervorbereitungsprogramm . *Exceptionality Education Canada, 17*, 85-106.

Loreman, T., Forlin, C., & Sharma, U. (2007). Ein internationaler Vergleich der Einstellungen von angehenden Lehrern zur integrativen Bildung. *Disability Studies Quarterly, 27*(4). http://www.dsq-sds.org.

McGregor, E., & Campbell, E. (2001). Die Einstellung von Lehrern in Schottland zur Integration von Kindern mit Autismus in Regelschulen. *Autism, 5*, 189-207.

McLeskey, J., Rosenberg, M. S., & Westling, D. L. (2010). Inclusion Effective Practices for all Students. Upper Saddle River, NJ: Pearson Education Inc.

Moore, C., Gilbreath, D., & Mauiri, F. (1998). Die Erziehung von Schülern mit Behinderungen in allgemeinbildenden Schulen: A summary of the research. Online verfügbar unter: http://interact. Uoregon.edu/wrrc/AKInclusion.htm/.

National Academy of Sciences - National Research Council, W., & National Academy of Sciences - National Research Council, W. (2001). *Erziehung von Kindern mit Autismus*.

Norrell, L. (1997). Ein Plädoyer für verantwortungsvolle Inklusion. *Teaching PreK-8, 28*, 1-7.

Odom, S., Brown, W., Frey, T., Karasu, N., Smith-Canter, L., & Strain, P. (2003). Evidenzbasierte Praktiken für junge Kinder mit Autismus: Beiträge für die Forschung im Einzelsubjektdesign. *Focus on Autism & Other Developmental Disabilities, 18*, 166-175.

Park, M., Chitiyo, M., & Choi, Y. S. (2010). Untersuchung der Einstellung von angehenden Lehrern gegenüber Kindern mit Autismus in den USA. *Journal of Research in Special Educational Needs, 10*, 107-114.

Pianta, R. C. (1992). *Schüler-Lehrer-Beziehungsskala*. Universität von Virginia, Charlottesville,

Reindal, S. M. (2010). Was ist der Zweck? Überlegungen zu Inklusion und Sonderpädagogik aus einer Fähigkeitsperspektive. *European Journal of Special Needs Education, 25*, 1-12.

Rice, C. (2007). Prävalenz von Autismus-Spektrum-Störungen --- Autismus und Entwicklungsstörungen monitoring network, sechs Standorte, Vereinigte Staaten. Morbidity and Mortality Weekly Report. 56(SS01), 1-11.

Robertson, K., Chamberlain, B., & Kasari, C. (2003). Die Beziehungen von Lehrern der allgemeinen Schule zu eingeschlossenen Schülern mit Autismus. *Journal of Autism and Developmental Disorders, 33*, 123-130.

Romi, S., & Leyser, Y. (2006). Erkundung des Ausbildungsbedarfs im Bereich der Inklusion: eine Studie über Variablen, die mit Einstellungen und Selbstwirksamkeitsüberzeugungen zusammenhängen. *European Journal of Special Needs Education, 21*, 85-105.

Rose, D. F., & Smith, B. J. (1992). Einstellungsbarrieren und Strategien für das Mainstreaming im Vorschulbereich. (Bericht Nr. ED350758). Pittsburgh, PA: Allegheny-Singer Forschungsinstitut.

Ross-Hill, R. (2009). Die Einstellung von Lehrern zu Eingliederungspraktiken und Schülern mit besonderen Bedürfnissen. *Journal of Research in Special Educational Needs, 9*, 188-198.

Ryan, T. G. (2009). Einstellungen zur Inklusion: eine Analyse vor dem Dienst. *Journal of Research in Special Educational Needs, 9*, 180-187.

Salend, S., & Duhaney, L. (1999). Die Auswirkungen der Inklusion auf Schüler mit und ohne Behinderungen und ihre Erzieher. *Remedial and Special Education, 20*, 114-126.

Scruggs, T., & Mastropieri, M. (1996). Lehrerwahrnehmungen von Mainstreaming/Inklusion, 1958-1995. Eine Forschungssynthese. *Exceptional Children, 63*, 59-74.

Sharma, U., Ed, J., & Desai, I. (2003). Ein Vergleich der Einstellungen und Bedenken von angehenden Lehrern aus Australien und Singapur in Bezug auf integrative Bildung. *Lehren und Lernen, 24*, 207-217.

Sharma, U., Forlin, C., & Loreman, T. (2008). Auswirkungen der Ausbildung auf die Einstellungen und Bedenken von angehenden Lehrern in Bezug auf integrative Bildung und Gefühle gegenüber Menschen mit Behinderungen. *Disability & Society, 23*, 773-785.

Sharma, U., Forlin, C., Loreman, T., & Earle, C. (2006). Einstellungen, Bedenken und Gefühle von angehenden Lehrkräften in Bezug auf integrative Bildung: ein internationaler Vergleich von angehenden Lehrkräften. *Internationale Zeitschrift für Sonderpädagogik,* 21, 8093.

Silverman, J. C. (2007). Erkenntnistheoretische Überzeugungen und Einstellungen zu Inklusion bei angehenden Lehrern. *Teacher Education and Special Education,* 30, 42-51.

Sims, H. P. Jr., & Lorenzi, P. (1992) The New Leadership Paradigm. Newberry Park, CA: Sage Publications.

Snowden, D. (2003). Managing for serendipity oder warum wir uns von "Best Practices" im KM verabschieden sollten. *Wissensmanagement,* 6, 8.

Soodak, L. C., & Podell, D. M. (1993). Lehrereffizienz und Schülerprobleme als Faktoren für die Überweisung an eine Sonderschule. *Zeitschrift für Sonderpädagogik,* 27, 66-81.

Subban, P., & Sharma, U. (2005). Understanding educator attitudes towards the implementation of inclusive education. *Disability Studies Quarterly,* 25, http://dsq-sds.org.

Sun, C. M. (2007). Die Auswirkungen der inklusionsbasierten Bildung auf die Wahrscheinlichkeit der Unabhängigkeit der heutigen Schüler mit besonderen Bedürfnissen. *Journal of Special Education Leadership,* 20, 84-92.

Sze, S. (2009). Eine Literaturübersicht: Die Einstellung von Lehrern im Vorbereitungsdienst gegenüber Schülern mit Behinderungen. *Bildung,* 130, 53-56.

Taylor, S. V., & Sobel, D. M. (2001). Umgang mit der Diskontinuität der Vielfalt von Schülern und Lehrern: eine vorläufige Studie über die Überzeugungen und wahrgenommenen Fähigkeiten von Lehrern im Vorbereitungsdienst. *Teaching and Teacher Education,* 17, 1-17.

U.S. Department of Education Office of Special Education and Rehabilitative Services. (2006). OSEP IDEA, Teil B Datenerhebung Geschichte. Washington, DC: Autor.

Van Der Roest, D., Kleiner, K., & Kleiner, B. (2011). Self-Efficacy: The biology of confidence. *Culture & Religion Review Journal,* 1, 26-35.

Viel-Ruma, K., Houchins, D., Jolivette, K., & Benson, G. (2010). Wirksamkeitsüberzeugungen von Sonderpädagogen: Die Beziehungen zwischen kollektiver Wirksamkeit, Selbstwirksamkeit der Lehrer, und Arbeitszufriedenheit. *Teacher Education and Special Education,* 33, 225233.

Villa, R., Thousand, J., Meyers, H., & Nevin, A. (1996). Lehrer- und Verwalterwahrnehmungen von heterogenem Unterricht. *Exceptional Children,* 63, 29-45.

Waldron, N., McLeskey, J., & Pacchiano, D. (1999). Den Lehrern eine Stimme geben:

Lehrerperspektiven in Bezug auf integrative Grundschulprogramme (ISPs). *Teacher Education and Special Education, 22*, 141-153.

Webb, N. (2004). Eingliederung von Schülern mit Behinderungen: eine Umfrage über die Einstellung von Lehrern zur Eingliederungserziehung. (Dissertation, Walden University, 2004). *Dissertation Abstracts International, 66*, 2143.

Flügel, L. (1997). Das autistische Spektrum. *Lancet, 350*, 17-61.

Wing, L., & Gould, J. (1979). Schwere Beeinträchtigungen der sozialen Interaktion und damit verbundene Abnormitäten bei Kindern: Epidemiologie und Klassifizierung. *Journal of Autism and Developmental Disorders, 9*, 11-29.

Wolery, M., Anthony, L., Snyder, E. D., Werts, M. G., & Katzenmeyer, J. (1997). Effektive Unterrichtspraktiken in integrativen Klassenzimmern. *Erziehung und Behandlung von Kindern, 20*, 50-58.

Yianni-Courdurier, C., Darrou, C., Lenoir, P. Verrecchia, B., Assouline, B., Ledesert, B., Michelon, C., Pry, R., Aussilloux, C., & Baghdadli, A. (2008). Welche klinischen Merkmale von Kindern mit Autismus beeinflussen ihre Eingliederung in Regelklassen? *Journal of Intellectual Disability Research, 52*, 855-863.